謝るなら、いつでもおいで

如果你想道歉，隨時都可以來……。

「佐世保小六女童殺人事件」背後，那些大人無法回答的問題

川名壯志——著·顏雪雪——譯

目次

目次

我現在是一名報社記者。

但在最初的時候，我擁有的新聞記者頭銜和真實的我之間始終不協調，就像是把一件寬大的衣服，強行套在一具單薄的軀體上。

我當時還年輕，也不是什麼大人物；但也正因為年輕，我或許能成為任何人。

然而，在那個悶熱的夏日，人墮落成非人的那天，我成為了新聞記者。

接下來，我想講述那段故事。

這是一個圍繞著長崎小鎮，由女孩們所引發的真實事件。

這個事件奪走了我所敬仰的上司最重要的事物、給予還只是新人的我殘酷的人生轉捩點。

報紙頭版上躍動著引人注目的標題，電視台的記者們帶著沉痛的表情報導這起事件。

當然，我也做了很多採訪，寫了許多報導。

突如其來的訃報。

黃色與黑色的警戒線。

夜晚的記者會。

少女緊握的美工刀。

涙流滿面的分局長。

祕密的交換日記。塞住耳朵的iPod。

十二歲的遺骸。

夏空中遍布的積雨雲。

還有，在無人影的永夜中靜靜綻放的光。

接下來要講述的，是一篇稍微脫離「媒體」立場的報導。這是一個貼近受害者身邊，親身接觸過案件的我，無法在報紙上完整表達的故事。

沒錯，寫下真正的事實，總是困難重重。

在那些暴風雨般的日子裡，我看到了許多前所未見的景象，稍有鬆懈就會感覺胸口像被撕裂般的痛苦，以及，在那之後——

第一部

教室的入口處流淌著一大灘血跡，
女兒背朝著我倒在那裡。
當我走得更近，仔細凝視時，清楚地看到躺在地上的女兒，
脖子上有一道裂開的傷口，深得不可思議。
就在那一瞬間，我明白了，啊，這不是意外……

一通電話

梅雨季節中短暫放晴的一個午後，時間大約是一點多。

我結束隔壁鎮的採訪，回到分局，收到了一則奇怪的消息。

那是來自我上司的一通電話。

「怜美，死了。」

電話那頭的聲音，來自每日新聞的佐世保分局長，御手洗恭二，他也是我這個菜鳥記者唯一的上司。

他在電話裡提到的名字是他的獨生女，怜美。怜美是十二歲的小學六年級學生。今天早上，她還背著紅色書包，精神抖擻去上學，現在應該還在上課才對。

然而，御手洗分局長卻只說了這句話，便陷入了沉默。從他的語氣中，我無法揣測出他的真正意思。

不可捉摸的靜謐。

彷彿為了填補這無言的對峙，話筒中蟻洞般的小孔傳來嘈雜的噪音，我被這突如其來的消息嚇得語塞，只能呆呆握著話筒，身體動彈不得。

鬆散纏繞的室內電話線無力垂掛在空中。

「怜美死了。」

不顧我僵硬的反應，御手洗分局長再次用乾澀的聲音重複了一遍。

昨天下午，我還在分局前的狹窄巷子裡碰見過怜美，她當時和奶奶在一起。下過雨的傍晚，怜美在馬路積水的坑窪間邊跳邊走，避免弄濕她的運動鞋。前天是運動會，所以昨天是補休日，怜美剛看完鎮上的「木下馬戲團」表演回來。

「怜美，還好昨天的運動會沒有因為下雨取消呢。」

我對她這樣說，她臉上露出了有些害羞的表情。怜美在學校或在她父親面前總是活潑開朗，但在大人面前，還是會流露出小孩子特有的靦腆神情。我幾乎每天都在公司見到怜美。

昨天也是，今天也是，一切本應如常。

御手洗分局長的聲音，平靜到聽不出任何情緒波動，也沒有一絲動搖。

痛哭、憤怒、悲嘆、激憤……身為新聞記者平時會輕易使用的詞彙，此刻全部派不上用場，那音色毫無抑揚頓挫，單調的聲線與他所說的內容形成強烈對比，超出我能理解的範圍。

御手洗分局長的語氣裡，情感似乎已經消失殆盡。

平淡得彷彿只是日常的工作聯絡，極為簡潔的一句話。

在那短短的話語餘音中，我只感到一片茫然。

事件的徵兆，出現在不久之前。

在御手洗分局長打電話給我的二十分鐘前，我正在隔壁鎮採訪地方版要用的小新聞。這時，負責該事件的記者倉岡一樹打來電話，語氣顯得有些慌張，倉岡是剛進公司的新人。

「大久保小學有個女孩好像受了重傷！現在正被救護車送走！」

從手機那頭傳來的後輩聲音，聽起來很亢奮。

大久保小學就是怜美就讀的學校。倉岡說這消息是從佐世保警察署獲得的，一種不祥的預感油然而生。我們立刻分頭行動，必須馬上打電話給學校。

我結束了採訪，急忙趕回分局。

衝進分局的時候，已經過了下午一點。

咦？

御手洗分局長不在。按照平時的情況，這個時間他應該坐在分局長專用的灰色辦公桌前，敲打著電腦鍵盤。然而，不見他人影。感覺有點不對勁。

一般來說，大家可能以為記者都是善於交際的人，但御手洗分局長天性害羞，加上他本來就不愛外出。

他身高超過一八〇公分，戴著厚厚的眼鏡，手腳修長。只要看過他一次，想忘也忘不掉。話雖如此，當地記者圈中不知道御手洗分局長的人也不在少數。

「你們分局長的樣子，我從來沒見過啊。」

其他報社的記者常這樣半真半假地開玩笑，儘管御手洗分局長在佐世保分局的工作已邁入第三年，仍然有人這麼說。

御手洗分局長的性格冷靜，不易被外界事物動搖，動作不算敏捷，再加上他那過於高大的身形，同事們給他取了個綽號叫「大人」。在大多數記者都是動作迅速但性格急躁的業界裡，這個稱呼帶著親切感，記者夥伴常這樣叫他。

而這樣的御手洗分局長，現在不在分局裡，時間已經過了下午一點。即使他是順路去了附近的「安兵衛」便當店，他最近經常去光顧，但也太久沒回來了。或許他只是剛好外出，可是我仍莫名感到極大的違和感。

「御手洗分局長去了小學，剛才學校那邊好像聯絡了他。」

事務員守田泉小姐一如往常，悠閒地倒了杯茶給我。因為守田小姐一直待在分局，所以對倉岡的消息一無所知。

我心中的不安無法平息。倉岡再次打來電話。

「川名先生，女孩好像死了！」

「……」

倉岡從警方那邊獲得風聲，這是個不得了的重磅消息，讓人預感大事將至。但另一方面，守田小姐說的就像是微不足道的家常話，一個只會在小分局內成為話題的八卦。為什麼分局的內部動態會與警方的情報混在一起？還是我混淆了兩個完全不同的消息？我完全無法理解。

「不管怎樣，冷靜下來。聽到了嗎？冷靜！」

我對著電話那頭的倉岡大喊，下達了一個不知所云的指示。「冷靜」，這句話更像是在說給自己聽。我感覺自己完全慌了。

就在這時，御手洗分局長打來電話，告訴我他女兒去世了。

「怜美死了。」當我聽到這句話，我心中究竟想到了什麼？話到嘴邊，卻都像破碎成粉。

即使到現在，我依然無法用言語描述。

大概十分鐘後，御手洗分局長出現在分局。他慢慢推開門，靜靜注視我，開口說的第一句話是：

「大概是案件。請聯絡一下報導部長。」

他的語氣比平時更公事化。即便是談論自己女兒的死，他的語氣仍然讓人覺得像是在說別人的事情。御手洗分局長的心裡到底在想什麼呢？他臉上毫無生氣，宛如能樂面具的表情，使我無法窺見他的內心。

在剛才這段時間裡，御手洗分局長在哪裡、看到了什麼？

我一無所知。他已經被逼到了極限，無法再依賴悲傷或憤怒等情感，一個人被壓迫得連哭都哭不出來時，反而會顯得格外平淡。

與此同時，面對出乎意料的局面，我也顯得異常愚蠢。在這樣的情況下，我竟然還在煩惱是要避開御手洗分局長的視線，還是應該直視他的目光，聽起來很無聊，但我就是無法擺脫這些瑣碎的念頭。突如其來的現實，我的思緒無法跟上。

一秒、兩秒、三秒……這段沉默持續了多久？就在我連回答都做不到的時候，御手洗分局長說：

「後面的事情就拜託了，我要去一趟佐世保警察署。」

說完，他駝著背，拖著步伐離開了分局。

這就是「那天」我們最後的對話。對我來說，事件當天的御手洗分局長，是一個不讓任何同事靠近，孤獨離開的背影。

從這天起，御手洗分局長被捲入一個無法抗拒的巨大漩渦。每日，他作為主編，指示我們進行各種採訪，努力修改我的稿件，我們三百六十五天，天天見面。此時的我還未想到，我們竟會連短暫相見的時間都沒有了。

微小的日常生活結束了，一段我從未經歷過的時間開始運轉。

我是報社記者

全國性的報社會根據每個地區劃分出不同的分局，像是東京、大阪、北海道、中部、西部等等，無論是朝日新聞、讀賣新聞，還是我所屬的每日新聞都是如此。位於九州佐世保的分局，隸屬每日新聞西部本社管轄。每日新聞西部本社的編輯局，最高負責人是編輯局長，不過現場的實際負責人則是報導部長。記者在工作中遇到的麻煩，原則上是由「監督」，也就是報導部長處理。

御手洗分局長在離開之際提到的「報導部長」，指的就是每日新聞西部本社的武田芳明報導部長（一九七五年入社）。

我得趕快告知報導部長這件大事。

「御手洗分局長的女兒去世了，請幫我轉接報導部長。」

我帶著慌亂的心情撥打了報導部長所在的福岡總局的電話，但一直無法轉接。不知為何，電話那頭的山本修司主編（一九八六年入社）沒有讓我與部長通話，而是自己握著話筒不放。

「這是緊急狀況，請快一點！」

儘管我著急萬分，應對的山本主編卻鎮定得令人煩躁。此時我已經不再顧及他的職位，心中的焦慮讓我的語氣愈來愈急躁。然而，無論上司還是下屬都親切暱稱為「山修」、備受大家信賴的山本主編，依然不肯答應我拚死的請求。

「川名，這是真的嗎？」

「是的，沒錯。我剛剛直接從御手洗分局長那裡聽到的。請快點讓部長接聽，快點！」

「我明白了，那就把這件事放進晚報裡，現在開始口述稿件吧。」

「……」

山本主編要求我「口述稿件」，指的是不寫下原稿，直接在腦海中構思文章，即興口述出來。在無法發送稿件的火災現場等緊急情況下，這是記者要會的基本功。

這意外的要求讓我雙腿發軟，話如哽在喉，說不出來。然而，時間不容我多做辯駁，我瞥了一眼分局的破舊壁鐘，已經接近下午兩點，離晚報的截稿時間所剩無幾，快要到「下台」（停止出稿）的時刻了。

天哪——

震驚和憤怒交織在一起。

這個人不正常……我湧上了反抗的情緒，像要從全身的毛孔噴發出來。

我完全不記得當時自己是如何回答的，不過，二〇〇四年六月一日的《每日新聞》晚報最終版（俗稱四黑[1]），刊登了一篇以〈小六女童被割喉致死〉為標題的報導。

一日下午十二點五十八分許，長崎縣佐世保市東大久保町的市立大久保小學（學生

1　四代表當天晚報的第四版，也就是定版之意；黑就是指當天最後一版印刷，也就是指晚報。

數一八七人）向佐世保警署通報「一名小六女童被同班同學用利器割傷，已經死亡」。被割傷的是大久保小學六年級，住在佐世保市天滿町，每日新聞佐世保分局長御手洗恭二（四十五歲）的長女怜美（十二歲）。據佐世保警署調查，死者身上有多處傷痕，兇器為美工刀。大久保小學坐落於市中心的市政府附近，是一座建在山坡上的學校，周圍為住宅區。

這篇報導只有短短的二十行，二百字左右。作為首次刊載的報導，篇幅顯得相當少。怜美是否真的死亡？對怜美下手的加害者是否真的是同班同學？在這個階段，因為尚未有任何正式聲明，所以報導只是如實反映佐世保警署的通報內容。

同班同學究竟是誰？男孩還是女孩？現在行蹤如何？為保持報導完整性所需的基本訊息都沒有被提及，這篇文章的內容僅有最低限度的事實，就篇幅而言，這類文章通常會被當作無關緊要的報導，拿來配合當天的報紙版面，作為「補充內容」處理。

但是，這則新聞卻被放在頭版，以五段的標題形式刊登，當作重大新聞處理。為了強行放大僅僅二十行的報導，每段只有四行，這樣狹長不規則的版面編排凸顯了事件的嚴重性。這則新聞也很快傳到了海外。

後來我才知道，山修主編底下，除了接到我的通報外，還從其他多位記者那裡接到了事件發生的消息。幾乎是在我打電話給福岡總局的同時，總局的一群記者也都出動，瘋狂給縣警察、消防局、學校等相關單位打電話。當然，山修主編身後的編輯群也都雙眼充滿血絲，盯著已經空出來的一大塊頭版。

對於一線的新聞記者來說，競爭總是發生在當下。每一天，世界各地都會發生許多事件或事故，考驗著記者能多快抓住這些新聞、比別的報社更早報導出來。在有限的時間裡，記者能多深入挖掘每一個事實或背景，就是「特別爆料」、「獨家報導」的新聞價值，而我透過這篇報導文字，切身感受到了這個價值對於記者的工作有多重要。

我是「新聞記者」……成為記者已經四年，我才終於接觸到這個職業深刻的本質。

在口述稿件的數分鐘後，分局的電話就被打爆，全國報紙、地方報紙、ＮＨＫ、民間電視台、週刊雜誌……同業的詢問電話蜂擁而至，電話一直響個不停。記者在採訪事件時，打電話「猛攻」當事人周圍是基本手段，但我從沒想過，自己會成為被電話「猛攻」的對象。

「被害者是御手洗先生的女兒，這是真的嗎？」

在鄉下的分局，同業與其說是競爭對手，倒不如說更像夥伴，甚至朝日新聞佐世保分局長也打電話來，一半是為了採訪探詢，另一半也是出於同行的擔心。

如果每日新聞沒有在這個關鍵時刻交稿，毫無疑問只有每日新聞會「漏報」（指某一報社沒有刊登其他報社都刊載的新聞）。山修主編擔任記者的時期，曾以東京地檢特搜部記者和司法資深記者的身分聲名遠播，他對新聞價值的評估在公司內首屈一指。後來，山修主編說：

「我當然知道川名會反對。但既然我們是報社記者，就有責任要報導。」

當時我覺得山修主編的指示就像魔鬼，一點都沒有顧及御手洗分局長是同事。但是，他沒有被情緒激動的我誤導，而是以新聞記者的身分作出極其冷靜的判斷。

過於殘酷的晚報時間。可是，更令人難以忍受的案件採訪還等在前方。

光天化日下的教室裡

長崎縣佐世保市，一座位於九州最西端的城市，面向谷灣式海岸，擁有名為九十九島的美麗群島。大海的另一邊便是韓國，對位於西邊盡頭的佐世保來說，東京比釜山還要遙遠。

這座邊境漁村隔著東海，與北韓和中國遙遙相望。一八八九年，因舊日本海軍鎮守府的設立，此地瞬間升格為市，作為軍用港口城市開啟了它的歷史。

戰後，這座城市的特徵並未發生太大變化，原本由海軍使用的基地直接被美軍接收，海軍改名為海上自衛隊繼續留在這裡。因為有了美軍和自衛隊，使得造船公司也順帶扎根於此。對於靠海發展起來的佐世保市來說，造船和國防是城市的象徵。

佐世保市的人口約二十五萬人，是縣內僅次於長崎市的第二大地方都市。

然而，擁有軍事基地的佐世保，與被原子彈轟炸的城市「長崎」非常不同。

走在商店街上，會看到穿著水手服的海上自衛隊員，或是扛著步槍的美軍憲兵（Military Police）。眺望港口，會看到自衛隊和美軍的船艦停靠，美軍的核潛艦以一個月一次的頻率停泊此地。一九六八年，美國海軍的企業號航空母艦進港，引發了所謂的「企業號抗爭」[2]，這件事也發生在佐世保。

雖然看似動盪不安，但我自大學畢業，就從東京被派到這裡工作，僅過幾個月，我就完全適應了這裡的生活，融入了當地的風景，感覺很不可思議。當然，最近佐世保也有知

2 日本二戰過後一次由學生發動的反美、反戰、反核武抗爭事件，示威者與警方激烈衝突，多人傷亡。

名的新興企業，像「豪斯登堡」主題樂園和「Japanet Takata」電商巨頭等等，大多數市民過著與自衛隊或美軍毫無關係的生活。

只是，佐世保被山與海環視包圍，出口閉塞，加上自舊海軍時代流傳下來的風氣質樸剛健，讓人感到有些壓抑。簡單來說，這座城市沒有「娛樂」。

在這樣的佐世保，每日新聞設有一個小小的分局。

當時在佐世保分局工作的，有我這個大學畢業四年初出茅廬的記者，還有入社兩年的後輩記者倉岡一樹，以及事務員守田泉小姐。分局長兼主編是御手洗先生（四十五歲），他辛勤修改我和倉岡的稿件。

每日新聞社大約有三千二百名員工，國內的分局和通訊部約有三百六十個。雖然「全國性報紙」的名號絕無虛假，但並非縣政府所在地的佐世保分局，僅是個由四人組成的小小辦公室。媒體被稱為「第四權力」，但那主要是指永田町或霞關等中央機構，地方分局則更像家族企業，與小型企業無異。

通常，分局裡會有經驗豐富、從業十年的資深記者，雖然御手洗分局長是一九八一年入社的老手，但佐世保分局依靠兩名只有年輕可取的記者在運作，與少數菁英的概念相去甚遠。

不過，企業號抗爭已成往事，也許公司樂觀認為，安靜的鄉村小鎮不會有什麼大新聞，御手洗分局長又善於照顧人，所以在兩名記者中，資歷較深的我成為了資深記者。

說是資深記者，其實在案件發生的前一天，我才寫了一篇標題為〈繡球花盛開〉的文章，配上一張大照片。案發的當天上午，我也只不過是在佐世保市的隔壁，人口僅二萬人出頭的松浦市，採訪了有關小城鎮預算的話題。我們與地方報紙相差無幾，日子過得十分悠閒。

也因為如此，分局規模不大，僅是個三層樓的小建築。一樓是四位分局成員的停車場，二樓是一間辦公室，空間狹小到只要擺放六張辦公桌就擠滿的程度。御手洗分局長菸癮重，每當他開始抽菸，煙霧就會瀰漫整個分局，充滿臭味。他每次看稿必定抽七星牌，不知道是因為尼古丁在胸中瀰漫，還是我們的報導寫得太爛，他經常露出苦澀的表情。

分局最頂層的三樓是分局長的住宅，御手洗分局長與中學三年級的次子、小學六年級的女兒怜美住在這裡。對御手洗分局長來說，分局既是辦公室，也是他的家。順帶一提，他的長子正在德島的大學就讀，而妻子直美女士三年前因癌症去世。

御手洗分局長的次子不僅容貌和父親相似，性格也一樣，溫柔且安靜。身為最小的又是家裡唯一的女孩怜美，則繼承了母親的開朗性格，總是帶著笑容，成為家族的中心。

由於在年幼時就失去了母親，這一家三口的關係格外緊密。怜美和她的哥哥都非常尊敬父親，而害羞的御手洗先生雖然有點難為情，卻總是顯露出為孩子煩惱的樣子。我認為比起世上的其他父親，他花更多時間與家人相處，羈絆也更深厚。

辦公室和御手洗家只隔了一層天花板，儘管三樓是他們的私宅，卻從未上鎖。當晚間八點過後，工作大致告一段落，我這個單身漢便會爬上樓去打擾他們一家，享用剛做好的晚餐。

御手洗先生、次子、怜美、我，我們四人一坐下，小小的桌子立刻顯得擁擠。由於是御手洗先生這位男性親自下廚，所以主菜會是熱炒，大盤子上盛著豪邁的家常菜，御手洗先生啜飲的玻璃杯裡，裝滿了加冰塊的芋燒酒。

兩個孩子的笑聲此起彼伏，御手洗先生也嘴角上揚。怜美興高采烈地講述著當天在學校發生的事，坐在她旁邊的哥哥則開她玩笑。這些無拘無束的閒聊非常熱烈，而且不僅限於工作，還自然地延伸到個人生活。在這個意義上，我與他們的相處就像是一家人。

還有一次發生一件事：

「郵局送來了牡蠣！」

入社不久的倉岡在採訪海邊郵局時，收到了一堆帶殼的牡蠣，我們便用分局的火爐烤，吃得津津有味。怜美自然很開心，平日裡話不多的哥哥也興奮地說：「真是太好吃了。」

連湯汁都吸得一乾二淨。

佐世保分局總是與御手洗一家連在一起。

傍晚時分，怜美總會在放學後直衝到二樓的辦公室，聽到她輕快踏上樓梯的腳步聲後，分局的門就會被用力推開。

「我回來了～」

怜美的聲音響徹分局。她會把書包隨手扔在沙發上，露出精神奕奕的表情，這是日常的風景。

「今天有朋友要來呦。」

「我在學校做了點心。」

「今天我要出去玩。」

她用撒嬌的語氣，一一向御手洗先生報告這些事。尤其她笑得最燦爛的時候，就是朋友要來分局玩的訊號。面對嬉鬧的怜美，御手洗先生總是故作冷淡地回應「哦」、「這樣啊」，我和倉岡則微笑看著這一幕。

因為佐世保是個鄉下地方，很少發生能登上報紙頭版或社會版的話題或事件。在小分局裡，工作與家庭的界線也很模糊，作為一位血氣方剛的年輕記者，「悠閒」與「無聊」

幾乎是同義詞，雖然這一點令人不滿，但能沉浸在家庭般的氛圍中生活，也不算壞事。

居住在市中心的孩子，也都就讀於怜美所在的大久保小學。這所小學位於城市中央的弓張岳（海拔三六四公尺）半山腰，可以俯瞰佐世保市街與港口。

戰前，這裡曾是舊海軍菁英子弟所就讀的大型學校，最鼎盛時期全校學生人數高達一千五百人。然而，戰敗後隨著汽車社會的到來，以弓張岳為中心的甜甜圈效應[3]加劇，人口雪崩式減少。

事件發生在二〇〇四年六月一日。大久保小學的規模縮減至每個年級只有一個班，包含被害者御手洗怜美和加害女孩在內，全校的學生總數為一百八十七人，是一所小型學校。

事件發生的前兩天是星期天，學校舉行了最盛大的活動，運動會。隔天的星期一是補休，所以這一天就是連假結束後的星期二。

根據班導回憶，早上八點十五分的朝會時，六年級的三十八名學生並無異樣。班導是一位教齡十四年的男性教師（三十五歲），這是他在大久保小學工作的第二年，同時兼任生活指導主任。他精神和體力充沛，假日還擔任少年足球隊的教練，被評價為熱血教師。

上午的出缺席點名時，包括怜美和加害女孩在內的大多數孩子，都回答道：「有！我很好。」對級任老師來說，這天的開始和往常並沒有什麼不同。

不過，孩子們或許還帶著運動會後的倦怠和餘溫，因為在朝會結束後，還有後續的整理工作，怜美等學生利用上課時間拆除了帳篷、平整操場，整理了萬國旗。

直到上午的最後一節課，第四節國語課之前，都沒有任何教師察覺到事發的徵兆。老師們僅依稀記得，假期過後的孩子們似乎有些吵鬧而已。

即使如此，事情還是在平日的學校裡發生了，並且是在教師們看守的，光天化日下的教室裡。

正午過後，隨著下課鈴聲響起，十二點十五分左右，孩子們開始準備午餐。幾位值日生穿上圍裙，離開教室去洗手，還有一些孩子去上廁所，理所當然，學生的進出變得頻繁起來。

雖然沒像低年級的孩子那樣麻煩，但六年級有三十八位學生，人數很多，老師無法關照到每一個人。在日常的喧鬧氣氛中，班導坐回自己的座位，開始翻閱早上交上來的作文。

二十分鐘後，當打飯結束，班導走上講台，準備讓學生一起說「我開動了」，他注意到怜美和另一個女孩的座位空著。

他感到一絲安靜的異樣，幾乎就在同時，他看到一個女孩孤零零佇立在走廊上。沉默

3 指人們從市中心搬至郊區或其他地方。

的女孩手裡緊握著沾滿鮮血的手帕和美工刀，她的褲腳管像浸泡在水中一樣，顏色愈來愈深。

異常的情景讓班導慌了手腳，他抓住女孩的手腕，強行奪下她手中的美工刀。難不成她受傷了？班導讓她攤開手掌，卻發現女孩染紅的手心上沒有傷口。

這到底是怎麼回事？

班導的腦海中直覺浮現出消失的怜美身影，於是他用嚴厲的口氣詢問女孩。

「這不是我的血，不是我的。」

女孩低聲說道，並指向走廊盡頭，那是多功能教室「學習室」，位於六年級教室的相反方向。

學習室在距離六年級教室以北約五十公尺處，班導全速飛奔過去，眼前所見的是倒臥在地上的怜美慘不忍睹的模樣。

血液在地板上蔓延，折斷的美工刀片散落在教室入口。

「叫救護車！叫救護車！叫救護車！」

班導的怒吼迴盪在整層樓，怜美的脖子在流血，班導一邊緊緊抱住她，一邊拚命替她止血，此時他也無法理解當下的情況，陷入了恐慌。即使如此，他依然顫抖著聲音呼喚著：

「御手洗，撐住！」、「御手洗，撐住！」

然而，怜美仍然軟弱無力地躺著，沒有恢復意識。

另一方面，最靠近學習室的三年級教室裡的教師，聽到叫喊聲後立刻跑向二樓的辦公室。雖然有幾名三年級的學生出於好奇跟在後面，但教師嚴厲制止他們，讓他們回到教室。

當天市內有研討會，所以校長不在校內。

「好像有孩子受傷了！請叫救護車！」

代理校長的副校長接到通知後，一時無法理解情況。他決定先掌握事態，便親自前往學習室。跑上樓梯時，他與一名女孩擦肩而過，但他怎麼也沒想到她就是加害者本人。

副校長在學習室目睹了慘烈的現場，嚇得魂飛魄散，慌忙撥打了一一九急救電話，時間是下午十二點四十三分。佐世保市消防局的指揮中心接聽了電話，但副校長因過於驚慌，無法順利表述。

「孩子好像被美工刀割到脖子！」

「狀況如何？」

「血不停流出來。」

「請先止血，為什麼會被割傷？」

「這部分我也不太清楚。」

市消防局迅速作出反應，但離學校最近的消防署，配備的救護車恰巧外出執勤。於是距離學校約四公里的海邊分署，派出了另一輛救護車，到達時間會比平時晚四、五分鐘，而副校長不知道這點。

十二點五十分，救護車尚未抵達，為此焦急不安的副校長，再次撥打了指揮中心的電話。

「還沒到嗎？」

「請再詳細說明一下情況。」

「非常危急，非常危急。」

「是哪個部位被割傷？」

「具體位置不清楚，因為滿身都是血。」

「是用什麼東西割傷的？」

「好像是美工刀。」

「是自己割的嗎？」

「好像不是自己割的。」、「手背被狠狠劃開，脖子在大量出血。」

「是和誰打架了嗎？」

「這部分我不清楚。」

儘管兩人的對話如此緊張，卻沒有一句話提到有關「死亡」的字眼。副校長雖然慌亂，但他可能想要躲避噩夢，不願把怜美和死亡聯繫起來。即便他使用了「血流不止」等露骨的形容方式，但他仍下意識避免使用一些詞語直接揭露事件的本質。

即使情況如此混亂，面對著赤裸裸的「死亡」，學校仍未報警。這或許不是為了自保，只是從一開始就沒有想到。

另一方面，教師們依然秉持老師的職責，他們跑向各個年級的教室，關閉了走廊一側的門窗，這是一種本能的反應，避免學生目睹這慘不忍睹的現場。

幾乎是在打電話叫救護車的同時，副校長也聯繫了怜美的父親御手洗先生。不過，他僅僅告知御手洗先生「怜美受傷了」，沒有詳細說明情況。

接到電話的御手洗先生似乎也沒太放在心上。前一年的冬天，怜美在積雪的操場打雪仗時摔倒，摔斷了手臂。除此之外，她還因為盲腸炎住過院，她總是會接連發生一些小插曲。由於怜美是個活潑的女孩，所以即使聽到「她受傷了」，也覺得不會是什麼大事。御手洗先生只簡單將情況告知事務員守田小姐，然後搭著計程車前往學校。

救護車終於在十二點五十一分抵達校園，從接獲報案到現場，花費的時間是八分鐘，根據總務省的調查，全國到達現場的平均時間大約是六分半，所以這也不是極端緩慢。然而，兩名焦急等待的老師已經衝到了操場上，救護車剛一停下，他們就拉著救護隊員的手帶他們到校園內，急迫的氣氛讓隊員們也緊張起來。

「在哪裡？有人能說明一下情況嗎？」

幾位隊員詢問，但每個老師都只是一再重複「不知道」。

「在那裡。」

其中一位老師指向樓梯上方。

「那裡是哪裡？」隊員露出焦躁的神情。

不過，當透過半掩的學習室門口，看到現場的情況，趕來的三名救護隊員全都震驚了。

倒在地上的怜美一動也不動，黃色的T恤已經被鮮血染紅，無論怎麼呼喚，都沒有任何反應。隊員將她抱起時，發現她的頸動脈和左手背都有深深的傷口。

環顧教室四周，中央只有一張桌子。怜美的周圍全是血泊，不遠處還有一些血液飛濺的痕跡，現場沒有看到血跡被擦拭過的跡象。

到底發生了什麼事？

這樣的場景與學校的氛圍極不相稱，救護隊員也無法掩飾內心的震動，他們勉強檢查了她的呼吸和脈搏，但怜美已經停止心跳，隊員放棄將她送往醫院，判定死因為失血過多，並聯絡了佐世保縣警署。從班導趕到學習室算起，已經過了二十多分鐘。

直到此刻，怜美的「死亡」才終於被確認，她的死也被視為「案件」處理。

沒有抱起妳

異常的氣氛籠罩著小學，住在附近的一名女性偶然目睹了這場混亂。這位女性是怜美與加害女孩同班同學的母親，她家位於比學校稍高一點的地方，由於弓張岳坡度陡峭，剛好可以俯瞰整個學校。

那天，雲層間透出柔和的陽光。

「關於事件當天的情景，像是梅雨過後，晴天裡泥土的氣味，這些與事件毫不相干的事情，我都還記得很清楚。」

她這樣回憶道。

中午過後，她吃完午飯隨意從窗戶眺望外頭。她看見沒有學生的操場上，老師正在拚命奔跑。雖然她聽不到聲音，但她看到有一個人在向駛入校園的救護車大幅度揮手。

那場面彷彿在看一部無聲電影，即使隔著玻璃窗也能感受到緊張的氣氛。她因不尋常的氛圍而感到不安時，御手洗先生抵達了學校。

為什麼怜美的父親會來……

「我一看就知道那是怜美的父親。他從計程車上下來時，完全沒有慌亂的模樣。但過了好一會，救護車完全沒有離開，我心想為什麼不送醫呢……」

御手洗先生的身影走進校舍消失後，奔馳的警車鳴響著刺耳的警笛聲，一輛接一輛駛入狹窄的校園，留下輪胎的痕跡。

「到底發生了什麼事……」

她心中焦慮，忍不住多次撥打學校的電話，但始終無法接通。她擔心女兒的安危，不過她告訴自己：「學校沒有聯絡，應該就沒事。」然而這或許是一種自私的想法？回想起當時的情景，她的記憶裡參雜著苦澀的感受。

另一方面，御手洗先生比消防隊員晚七分鐘抵達，他一進入校舍，就察覺到整個學校的氣氛與平常不一樣。他試圖找熟識的老師詢問情況，但對方因為過度驚慌，無法順利說出話來。老師們明顯陷入恐慌，也聽不見教室裡孩子們的聲音。

本該是熱鬧的午餐時間，整個校內卻寂靜無聲。

「無論如何，快點上去。」

感受到不安的御手洗先生，在老師的催促下，獨自去找怜美。他又怎麼能預料到，在前方等待他的會是女兒的死亡？這是常識上無法想像的事情。在接到通知的警察抵達學校以前，御手洗先生就踏入了案發現場，於是他在沒有獲得警察或學校任何訊息的情況下，突然被迫直視女兒慘烈的死亡。

御手洗先生抵達三樓的學習室，他被女兒的模樣震驚了。

「教室門口有一大灘血，女兒背對著我倒在那裡。我靠近時，救護隊員告訴我『她已經去世了』。」

御手洗先生後來這樣回憶。

失去理智的御手洗先生抓住旁邊班導的衣領，怒吼道：

「發生什麼事？是誰做的！」

但班導已經陷入恍惚，無法做出任何回應。

「當我自己再靠近一點，仔細看，才看到倒在地上的女兒，脖子右側裂開一道深得令人無法置信的傷口，在那瞬間我意識到『這不是意外』。」

就在剛才，怜美還和同學們並排著桌子上課。可是，在短短不到三十分鐘的時間裡，怜美就已經死去，孩子們學習的地方變成了地獄。

「當時我心裡想的是『必須要保存現場』。人類的大腦有時真的怪異，面對無法相信的荒謬情況，可能就會失去正常的開關。」御手洗先生苦笑著回憶。

「保存現場」是指為了鎖定嫌犯和證明犯罪，警方將案發現場維持原狀以進行鑑識活動。如果是普通的家長，這是完全想不到的念頭，但作為一名記者，御手洗先生卻立刻想到這一點。他意識到，自己不能再接觸已經成為遺體的女兒。

同時，御手洗先生心中也有另一種感受：

「我無法接受這是真的。看著死去女兒的臉，我感到無比恐懼……我不想看見，不敢走近一步。雖然電視或電影裡常有這樣的場景，但我的腦袋無法理解眼前的事情居然是真的。」

此時的御手洗先生，獨自一人站在荒謬和孤獨的深淵。

這位身形高大的父親癱坐在走廊上。

「我受不了了，為什麼會發生這種事……」

「直美，救救我……」

他像瘋了一樣用拳頭擊打地板，不斷哭喊著，呼喚亡妻的名字，救護隊員和老師們都無言以對，而我當時對於御手洗先生的狀況毫不知情。

「為什麼我當時沒有將怜美抱起來？這是我一直以來後悔的事情。」

加害女孩是——

目睹了悲慘現場的教師們，陷入了極度的混亂之中。在這期間，滿身是怜美鮮血的那名女孩，又在做什麼呢？這位知道事情真相的關鍵人物，卻置身於大人們的騷亂之外，沒有人理會她，就這樣把她晾在一旁。

最後是隔壁教室的五年級女老師，注意到獨自站在走廊上的女孩。但是，這位老師也沒想到女孩會是加害者。當時女孩處於激動狀態，正準備下到二樓，為了讓她冷靜下來，老師先讓她坐在樓梯上。

坐在女老師旁的女孩低著頭，露出想哭的神情，聲音顫抖著。然後，她像是自言自語般低聲說道：

「叫救護車，御手洗同學要死了。」

「……」

明明女孩的手和褲子上沾滿了鮮血，她卻沒有受傷的跡象。直到此時，老師才意識到，這些血不是她的。

只是，「要死了」到底是什麼意思？在後來縣警察的調查中，該名女孩甚至供述說：「我等到怜美死去才離開學習室。」這個孩子是否無法理解「生」與「死」之間那絕不可逾越的界限？

「御手洗同學要死了。」

以大人的常識來說，這句話過於離譜且難以理解。

女孩繼續壓抑興奮，接著說道：

「我會怎麼樣呢……」

「沒事的，老師們會努力的。」

女老師用場面話安撫女孩，帶她去了一樓的保健室。她讓女孩洗手、換衣服，並在正門玄關旁的洗手池裡，把沾在她腿上的血用水擦洗掉。當然，女老師絲毫沒有要湮滅證據的想法。

後來的報導，評價這名女孩在當時「很冷靜」，但從教師的角度看，她似乎正努力抑制自己內心的震動。看著女孩驚恐不安的神情，老師還一度握住她的手。

這場前所未有的事件，讓教師們驚慌失措，狼狽不堪。

消防隊員試圖向教師們詢問情況以掌握事實，但每個人都緘默不語，沒有任何動作。

「有人知道詳細情況嗎？」

隊員的呼喊聲在校內迴盪，但教師們像被訓斥的學生一樣萎靡，沉重的靜默籠罩現場。

「有一個人知道。」

終於，有一名教師開口了，被帶來的正是那名女孩。

面對天真無邪的小孩，隊員有些猶豫，但還是問道：

「妳能告訴我為什麼那個孩子（怜美）受傷了嗎？」

「是我用美工刀割傷她的。」

女孩爽快回答，完全沒有要掩飾的樣子，出乎意料的回答讓隊員說不出話來。一般來說，犯下錯誤的少年往往會用愚蠢的藉口掩飾自己的行為，但女孩完全沒有這樣的跡象。

事態急轉直下。

原本隔絕在案件之外的女孩，被拉到了事件的中心，成為風暴的焦點。警方發現了案件的關鍵後，在校長室花了四十分鐘，向女孩詢問事情的經過。面對問題，女孩毫不膽怯地一一坦白。

「我星期六就準備殺她，打算（補休的）星期一動手，但我覺得會被發現，所以才變成今天。」

「我一直等到她死，為了不被發現，我就回到了教室。」

「我猶豫要用錐子刺她，還是勒死她，後來決定用比較確實的美工刀。」

「我用左手遮住她的眼睛，然後割下去。」

她不斷吐出荒誕的自白，由這麼年幼的女孩犯下案件，對警方來說也是前所未聞。當然，這些供述也可能是警方誘導的結果，應該保持質疑態度。不過，儘管她的話語有些停頓，但在大人看來，她若無其事持續述說著自己犯行以及悲劇發生的經過。

案發的數小時後，女孩被悄悄帶上車，送往佐世保警署，當時媒體都還沒有察覺到女孩已經進入了警署。

隨後女孩接受了調查，直到晚上七點左右。沒吃午餐的她，簡單吃了麵包和果汁。即使到了晚上，警方也不可能讓她回到父母身邊，但也不能讓十一歲的女孩就這麼留在拘留室過夜，作為應急措施，縣警讓她在女性職員專用的休息室裡休息。晚上十點半，女孩在兩名女性員警的陪伴下入睡。

她再也無法回家了，但女孩似乎還不理解這個含義。

連少年法都不適用

一般來說，犯法的孩子會受到什麼樣的「懲罰」呢？

雖然是稍微嚴肅的內容，但對於未滿二十歲的犯罪少年（少女），適用的是少年法，即便是犯下偷竊或恐嚇這類刑法上的罪行，考慮到他們的將來，與其施以懲罰，不如教育他們，給予「保護」的處分。

原因很簡單，少年具有很強的「可塑性」，這個說法聽起來既官僚又有距離感，但主要是指少年仍然是「靈活的」。柔軟的感性，是年輕人的特權，所以只要給予適當的教育，就能改過自新，這就是少年法的基本理念。值得一提的是，少年法裡沒有男女的區別，無論是少年還是少女，一律都稱為「少年」。

不過，我得說明，未滿十四歲的孩子連少年法都不適用。這類孩子被稱為「觸法少年」，這或許是一個比較陌生的詞彙，但比起少年法，孩子更優先適用的是《兒童福利法》。

少年法與兒童福利法都強調對犯罪少年的「保護」，但在目的上有微妙的差異。

少年法中的「保護」，目的在於防止做錯事的少年未來繼續犯罪，在謀求少年福利的同時，也兼顧社會秩序的維持。

但另一方面，兒童福利法中的「保護」，則完全不考慮所犯罪行的輕重。只要是兒童，即便是「**加害者**」，都會被視為「從社會安全網中遺落的**被害者**」，如同該法的名稱，兒童的福利才是最重要的目標。這樣說可能有些粗暴，但根據這部法律的觀點，只要是兒童，無論去偷竊還是殺人，一律都被視為被害者。

基於這種兒童福利法的觀念，十四歲以下的兒童並不具備刑事責任能力，因此無法科處刑罰，也就是說，從法律上來看犯罪並不成立。這個法律上的真空則由兒童諮商所[4]來填補，但實際上這個機構不怎麼可靠。

十四歲以上的少年犯罪時，無論怎麼哭天喊地，警察還是可以行使職權對其進行訊問。然而，面對十四歲以下的兒童，就很難進行強制訊問，取而代之的是兒童諮商所，由他們負責「調查」兒童走上犯罪的原因與背景。

不過，這個「調查」只能說空有形式，因為兒童諮商所本來就不是偵查機關，既沒有訊問的技巧，也缺乏經驗豐富的專家。即使有專家在，根據兒童福利法的理念，也禁止對兒童刨根究柢質問，傷害孩子的幼小心靈。

在此次案件中，毫無疑問，保護女孩並安撫她才是最優先的考量，而非質問她事實關係，甚至也可以說，警方沒有對女孩進行詳細的問話。畢竟，女孩才十一歲，比少年法規定的最小年齡還小了三歲。

暴風雨的開始

時間軸回到我身上。

下午三點過後，已過了晚報的截稿時間。我剛把「伶美死亡」的口述稿件提交給編輯部，茫然無措地獨自待在空無一人的分局裡。

負責縣警的倉岡已經駐守在佐世保警署，守田小姐預感到今晚將會是一個漫長的夜晚，為了替我和倉岡買便當而離開分局一下。

就在我一個人的時候，出現了一位意外的人物，佐世保市的市長光武顯。七十多歲的市長，有一個孫女和伶美同樣是小學六年級。聽到這樣令人詫異的消息，他感到坐立難安，於是放下公務趕來分局，從市政府走到分局不用五分鐘，距離相當近。

「這真的很難相信。我太驚訝了，馬上趕來。御手洗先生現在在哪裡？」

一向以沉著冷靜著稱的光武市長，此時也顯得異常慌亂。

「在佐世保警署。」我回答道。

「他在警察那裡做什麼？」

「這個嘛……」

「你現在一個人嗎？」

4 日文稱為兒童相談所。

「是的。」

「聽說她們就兩個人待在學校的空教室內。我接到報告說，窗戶的白色窗簾都拉得緊緊的。」

我們隔著桌子，面對面坐在沙發上，我當時特別心不在焉。在斷斷續續的對話尾聲，市長告訴了我這些，便離開了分局。

在陽光普照的白天，特意將教室的窗簾拉上。

如果是女孩提前拉上的，為了不讓外面的人看見裡面，就意味著這不是偶發的意外。後來我才知道，事發的學習室離六年級教室最遠，旁邊的教室則是平時沒在使用的音樂教室和學生會教室。

這是個容易成為教師和學生視線死角的地方。更何況，如果窗簾還拉上……這會是一場事前精心策畫的案件嗎？

無論是否有計畫，市長的話確實暗示了豐富的資訊。這些是案件的細節，身為一名新聞記者，要能馬上靈光乍現，將其作為報導的素材。但是，我當時根本無法想到這些，完全陷入了茫然，甚至連新聞記者的基本能力都無法展現，就像是冷不妨從日常生活中掉進陷阱，失了魂魄。

然而，即使我心不在焉，也很快被工作拉回現實。

手機聲突然響起，我接起來，聽到話筒對面傳來熟悉的快速大阪腔：

「川名，聽說御手洗先生的女兒死了，這是真的嗎？」

這是在我剛入職時照顧過我的三森輝久記者（一九八九年入社），他去年還在佐世保分局工作，現在在福岡總局擔任縣警資深記者（負責彙整九州轄區內的警方消息），各家報社的九州總部都集中在福岡。

電話那端傳來三森難掩驚訝的聲音，背景中還夾雜著火車鐵軌聲，「我馬上過去，等我。」他已經搭上了從博多開往佐世保的特急新幹線「綠號」。

至今為止只有四個人，溫馨如家庭般的佐世保分局，不斷湧入了大量的支援記者。到了傍晚，人數增加到大約二十人。雖然大家同屬一家報社，但幾乎都與我素不相識，這群人就像是總公司派去下游承包商的業務人員，蜂擁而至。

分局的桌子和工作台迅速被占領，連接電腦的插座也被搶走。牆上貼著一大張模造紙，大家用黑色簽字筆潦草寫下記者的分配情況。我不被允許坐的分局長專用桌，不知何時起，也已經被支援記者大剌剌坐下，用電腦拚命打著文章。這些人全都比我年長，我所熟悉的只有三森先生。支援小組擠滿了狹小的分局，讓我無法冷靜下來，儘管大家都是同事，但我仍感覺這些人就像是侵門踏戶般來到分局。

各家報社的地方分局都一樣，分局會被設在市中心的政府機關群附近。不巧的是，佐世保分局正好就位於佐世保縣警署的隔壁。

平時，當有案件發生，從分局的窗戶就可以看到佐世保警署的動向，也能迅速前往警署，非常方便。但這次，調查案件的執法機關就在受害者家旁邊，未免也太諷刺了。

從分局二樓的窗戶往外看，聚集著一大群人，不僅有本地記者，還有來自東京的電視台記者、新聞綜藝節目主持人、攝影師、燈光師、音效師、電視台的轉播車，甚至還有看熱鬧的圍觀民眾。我透過百葉窗偷看，發現一家電視台正在用攝影機緩慢掃視分局，並說：「這裡就是受害者的家。」一旦走出去，攝影機便會對著我按下快門，人群擠滿了整個區域，讓我幾乎無法移動。雖然這樣形容有些奇怪，但這種興奮的熱情，不禁讓人聯想到祭典的日子。

就在這樣的混亂之中，福岡總局的案件負責人白神潤一主編（一九八三年入社）也來到了現場。他負責在現場指揮記者，是前線的編輯。

「首先是要拿到同班同學的名單。川名，無論如何都要搞到手。」

曾經負責大阪府警察的搜查一課，擁有豐富警察線經驗的白神主編，立刻用沙啞的聲音下達指示。案件發生時，最先要做的就是鎖定與案件相關的人物，因為他們很可能知道些什麼。

學校出事了，理所當然要掌握的對象就是同班同學和教師。若是有名冊或聯絡網，就可以知道名字和電話號碼，從而一網打盡，這是能高效率採訪到關係人的方法。不過，若是提供名冊，不僅僅是電話採訪，媒體甚至會蜂擁到他們的家中，這顯而易見。因此，沒有人會樂意提供這些資料。

「我真的得做這件事嗎……」我感到走投無路。

白神主編比山修主編更喜歡追查事件。身為負責一課的記者，他對於殺人案件有特殊執著。即便被害者是同事的女兒，眼前的這起案件仍然讓他身為記者的熱血沸騰。

「聽好了，川名。這起事件，無論如何都不能輸。」

白神主編強硬命令我，我屈服在他的魄力之下。我本來就沒有任何反抗的勇氣，在他銳利的目光下，我無條件投降，瞬間被案件的洪流吞噬。

可是，對我來說，這依舊是艱鉅的指令。雖然我離開了分局，腳步卻顯得格外沉重。

我碰巧知道幾位同學的住處，於是我抱著黯淡的心情去拜訪他們，但家長們早已從新聞報導中得知案情，當然不會點頭同意。果不其然，一位母親直接看穿了我的意圖，說道：「要是給你聯絡網，你不就會挨家挨戶打電話？」這是被打擊的人們之間，一場徒勞無功的對話。當記者的時候，常常會在採訪的現場被人討厭，但這一天尤其讓我感到難受。

在私人感情上，我同情「被害人」的立場；但在工作上，我又必須追蹤這起事件。相互矛盾的心情交織，但這樣的日子才剛剛開始，我似乎得做好心理準備。

殺人意圖

我再度來到大久保小學，已是下午四點過後。

學校裡，一年級到五年級的學生已陸續集體放學離開。然而，關鍵的六年級學生，到了放學時間仍沒有在正門現身，兩天前的運動會上，還充滿孩子歡聲笑語的操場，如今只見幾輛警車雜亂停放著。正門和後門也都拉上了「禁止進入」的縣警黃色膠條，任何人都無法進入。教室裡，鑑識人員持續檢查現場，不過，所有的教室窗簾都已拉上，無法窺探裡面的情況。

不安與焦慮交織的十多位六年級學生家長，開始聚集在校門前，大部分是母親，但也能看到幾位父親的身影。他們無法進入校園，只能在遠處站著。新聞直升機不斷在數十公尺的高空盤旋，其飛行聲在山間迴盪，暴力地煽動著人們的不安。雖然天氣晴朗，但空氣中瀰漫著梅雨季特有的黏膩，時間一分一秒流逝。

「怜美的事不會是我們家女兒幹的吧……」

加害者的名字都還沒確定，各種猜測四起，有位母親突然感到一陣恐懼。

不知不覺間，西邊的天空染上了玫瑰色，日落即將來臨。

母親們的額頭上汗水涔涔，這不僅僅是因為悶熱的天氣——她們迫切希望在夜晚完全籠罩學校之前，能夠把孩子帶回家。

另一方面，留在校舍內的孩子正在接受縣警的詢問。這些孩子被分配在五個場所，像是學生已經回家的一、二年級教室或美術教室等，從下午兩點左右開始進行詢問。由於只有警察的話，無法消除孩子的不安，所以有六名教師陪同在旁。

一個人大約會花上十五到二十分鐘的時間，詢問斷斷續續進行著，每個人都在調查書上押了指紋。縣警為了盡快掌握案件的概要，在未取得家長同意的情況下，便強行開始案件詢問。

最終在下午六點左右完成調查報告，此時夕陽已開始沒入佐世保的港灣。

同一時間，母親們終於獲准進入校園，並被集中在會議室。從出差地匆忙趕回來的校長，只說了同班同學御手洗怜美死亡的消息，隻字不提加害者的事。

「為什麼學校不做任何解釋？」

家長的疑惑和不滿在內心悄然醞釀。校長則面色呆滯，只是茫然地仰望著天花板。

約兩個小時後，晚上八點半過後，在佐世保警署。

佐世保警署署長松永賢一與縣警本部的搜查一課課長吉野多實男，召開了記者會。

「根據頸動脈被切開的情況、兇器的種類及現場的狀況等綜合判斷，正朝殺人案的方向進行調查。」

殺人。

這意味著，儘管女孩不會成為刑罰的對象，但怜美的死亡並非是女孩過失造成的，女孩是故意為之，也就是存在「殺意」，警方證實了這起事件不是因嬉戲或打鬧而引發的意外事故。至此，該案件正式被定性為「殺人事件」。從案發以來已過了八個小時。

記者接連不斷提問，但對於動機和背景等問題，兩人都僅以嚴肅的表情重複著冷淡的回應：「正在調查中」、「無法回答」。由於警方斷定此為殺人案，隨後各大媒體開始報導此事為「殺害事件」。每日新聞也不例外。

案件被冠以「佐世保小六同學殺害事件」的名稱。

在死者家屬與媒體的狹縫中

晚上九點，每日新聞的佐世保分局。

此刻我對事件依然沒有真切的感受，心中只充滿了四處走訪家長的徒勞感，整個人感覺僵硬。然而，當我下定決心推開分局的門，裡面約有二十名的支援記者聚集在一起，在喘不過氣的忙碌交稿作業中，所有人都目不轉睛盯著ＮＨＫ的全國新聞。分局那小小的電視畫面上，出現了御手洗先生的臉部特寫。

御手洗先生為了回應媒體群的要求，在佐世保市政府召開了記者會。受害者家屬在案發當天舉行記者會，這是前所未聞的事情。

男主播表情冷靜，毫無波動地談論著這起事件。

「這種時候，為什麼要把御手洗先生硬拉出來？」

我聽著中規中矩的旁白，不禁怒火中燒。儘管我也身為媒體的一員，但這種冷酷的要求實在讓人無法原諒，說來我也有些自以為是吧。

「咦？他打了領帶？」

就在此時，不合時宜的驚呼聲響起。御手洗先生確實穿著一件白襯衫，打著深藍色的領帶，這樣的打扮幾乎讓所有同事都驚訝不已，御手洗先生進公司二十四年，從來沒有人見過他打領帶的樣子。

御手洗先生可以說是典型的老派記者，即使是在佐世保分局，他的穿著也很難說是時尚。他平常在分局的穿著，一向是簡單的襯衫或素色的運動服，在夏天的悶熱夜晚裡，他甚至會把襯衫脫掉，只穿著一件背心面對著文字處理器工作。即便我身為男人，看到那場景都感到尷尬。

這位御手洗先生，現在竟然穿上了正式的外出服。

「我不喜歡打領帶。當年公司面試的時候，我還對面試官說『不好意思，因為我還是學生，所以沒打領帶來』。」

御手洗先生喝了酒，情緒高漲時，會微笑對我分享這段二十多年前的趣事。他不討好公司，具備老派記者的骨氣，他對此有些引以為豪。

到底是從哪裡找來的領帶呢？

電視上的御手洗先生，帶著客氣疏離的感覺，逐一回答著熟識的年輕記者的提問。在這種案件採訪，處在最前線的通常是二十到三十歲出頭的年輕記者。

「現在我仍無法理解發生了什麼。我趕到現場時，怜美已經倒在那裡了。我眼睛所看到的一切都讓我覺得，這不可能是真的。我連話都說不出來。」

三年前，御手洗先生的太太因癌症去世，他一個男人獨自撫養孩子。

「我是個父親，對於女兒的心情，我能理解到什麼程度呢……但怜美一直都很開朗活潑。雖然失去了妻子，但我也盡力疼愛兄妹三人。怜美幼稚園的時候，還說過想當鋼琴家。雖然有時我會對她說些嚴厲的話，怕寵壞她，但旁人或許會覺得我還是太溺愛她了。她是個好孩子。」

御手洗先生不時撥弄頭髮，面容憔悴說道。

當記者問到怜美和那名女孩是否發生過衝突，他露出困惑的表情：

「我完全不知道。孩子們的世界，或許不像大人所想的那樣。我的女兒有很多朋友，從她和我聊天的內容裡，我從沒聽說過她和誰吵架。她們之間究竟發生了什麼？」

「等她冷靜下來，我希望她能好好告訴我。」

他最後勉強地說出了這句話。

有一位記者的問題雖然殘酷，但也非常尖銳：

「您最後一次和怜美說話是什麼時候？」

「大概是在早上七點二十分左右，她要去學校時。我問她『有沒有忘了帶什麼』，她回答『沒有』，然後就匆匆忙忙出門了。我當時正從洗衣機裡取出衣服，所以只聽到她跑過去的腳步聲，甚至沒看到她的背影。」

多麼平靜的日常風景，但誰又能想到這會成為最後的瞬間。

「我女兒的存在就像空氣一樣，我身邊不能沒有她。但這不可能的事情卻發生了。」

在神經緊繃的記者會現場，所有記者都說不出話。

儘管大量媒體紛紛要求進行記者會和非正式採訪，但為什麼御手洗先生會選擇在這種情況下出席記者會呢？

「雖然很不想說，但如果立場互換，我也會提出這種要求。所以即便時間很短，我也覺得必須接受採訪。」御手洗先生在記者會上說明了理由，因為他自己就是以此為生。

只是另一方面，這場記者會背後藏著一個祕密。

記者會於晚上八點多開始，在這時間點前後，一輛從長崎大學出發的車正開往御手洗先生的老家，車上載著剛完成司法解剖的怜美遺體，所以縣警的記者會和死者家屬記者會幾乎同時舉行，處於極限精神狀態下的御手洗先生，故意將媒體的注意力從怜美遺體的運送上引開。

作為遺屬的真實感受，與作為媒體人的社會期待。

或許，置身於這份工作的人，或多或少都會有這樣的想法。平時一再要求別人接受採訪或開記者會，但當自己成為眾矢之的，卻想要他人饒過自己。這怎麼敢說出口？

但即便如此，在痛失愛女的當晚，即便御手洗先生不想成為電視媒體的焦點，也完全沒有人會因此批評他。他應該有別的權宜之計才是。

在回答記者提問時，御手洗先生表情僵硬，沒有流淚，選擇言辭格外謹慎。我的胸口一陣緊縮，完全無法直視他。

不過，當人們被迫面對意想不到的巨大變故，可能會本能地用自己熟悉的方式重構現實。不想直視眼前發生的巨大衝擊，所以潛意識中會以此作為自我防衛機制，避免自己崩潰。

「必須要保護現場。」

「作為媒體人，所以不能拒絕。」

我面對著眼前的稿件，就像御手洗先生當時立刻想到的那些事，我只是全神貫注於出稿，這種念頭抑制著我，不讓自己比御手洗先生先失控。

早報的截稿期限迫在眉睫。

漫漫長夜

佐世保分局從那天起就變成了不夜城。

分局內擠滿記者，為了次日的報紙版面，徹夜撰寫稿件。深夜走訪警方，採訪學校和教育委員會……現場記者傳來綿延不絕的備忘錄，交由擔任「現場指揮」的三森記者匯整，再由白神主編完成原稿。

加害女孩的住處也被查出，由年長的記者前往採訪。

「無可奉告。」

深夜回家的父親滿臉疲憊，只說了這句話。

分局二樓的工作區，瀰漫濃濃的緊張氣氛，隔著一層天花板的三樓分局長住處，又是什麼樣的光景？我完全不知道。

那天，每日新聞決議「為了保持報導的公平性和中立性，不利用被害人是本報員工女兒的事實」，下達指示「不得直接採訪御手洗先生」。不過，對於在現場的記者來說，根本無法想像去採訪遺屬，最初因案件規模而興奮的支援小組，在電視上看到御手洗先生的記者會後受到衝擊。原本祭典般的喧鬧，也在瞬間轉變為無法開玩笑的沉重氣氛。

晚上十點過後，辦公室因一位意外的訪客而凍結，來者是怜美的祖母。她從三樓走下來，心神恍惚地倒在分局的沙發上。

「到底是怎麼回事……到底發生了什麼？」

她神情茫然，對著空氣發出疑問。她的眼神無處可去，氣氛尷尬而沉默。

我害怕那雙懇求的眼神，慌忙轉頭，打著採訪稿的手不由得顫抖。

這真是一個漫長、極其漫長的夜晚。

V手勢

六月二日。

這一天的早報，所有報紙的頭版都大篇幅報導了佐世保事件。

〈小六生同學死亡〉、〈兩位好友間發生了什麼〉（每日新聞）、〈同年級小六女童輔導〉（朝日新聞）、〈『不敢相信』怜美的父親悲痛欲絕〉（讀賣新聞）、〈午餐時間凍結，加害女童滿身血跡〉（長崎新聞）、〈用美工刀割頸〉（西日本新聞）——

各報紙皆以醒目的反白字體，寫下震撼的大標題。

我整夜沒睡，直到迎來黎明。

身為記者，我本該習慣那些驚悚的標題和駭人的事件報導。

然而，無論讀多少遍，我仍然無法將報導中的內容與昨天發生的現實聯繫起來，這像是在某個遙遠的地方所發生的事。即便我當初就是因為想採訪案件才會成為記者，我卻深信自己的身邊不會出現例外，每天都會一成不變地到來。

但最刺痛我眼睛的，還是附在報導中的照片。在四方形的照片邊框裡，怜美微笑著擺出像是V的手勢，為什麼怜美的照片會像遺照一樣登上報紙？剛印出來的早報上，油墨的味道顯得莫名真實。

《每日新聞》還刊登了一張大照片，是怜美留在學校鞋櫃的運動鞋，在白色鞋子的鞋跟部分，工整地寫著名字，左腳是「Mitarai（御手洗）」，右腳是「Satomi（怜美）」，應該是御手洗先生用奇異筆寫的。

明明這是案件報導中常見的稿件風格，用的也是例行性的照片，但我看到怜美和御手洗先生的名字，卻產生強烈的違和感，彷彿我從昨天開始，就一直在做夢。

她的生命已經不存在的事實，我的大腦無法接受。

可是，御手洗先生的座位依然空著。大量的支援記者頂著睡眠不足，開始進行晚報的採訪工作。

我只能無奈嘆氣。

案件發生的隔天，採訪焦點放在了加害女孩身上。

女孩在早上八點前起床，早餐吃了幕之內便當，然後縣警繼續對她進行問話。重申一下，由於她未滿十四歲，所以這僅是自願性的調查。據說事發後，女孩一度無法掩飾內心的震驚，但在睡了一覺後，她較為平靜地進行了當天的問答。

當天早上，每日新聞已經取得了女孩的照片。在那張生活照中，女孩與同班同學們一起出現在鏡頭前，她站在怜美的旁邊，同樣比著V手勢。這個髮長及肩的女孩，無論身高還是外貌都不顯眼，她完全融入了集體照片之中。我怎樣也看不出來，她與其他孩子有什麼不同。

可是，十一歲的女孩，僅僅用一把那麼薄的美工刀片，就能夠殺人嗎？

我那本來篤定的日常生活，忽然變得陌生且遙遠，像是難以理解的事物。

到了下午，兒童諮商所終於召開了記者會，出席者有佐世保兒童諮商所的所長中村政則、縣教育委員會的教育長立石曉。雖然當天他們以「保護隱私」和「觸法少年之更生」為擋箭牌，拒絕接受採訪，但事件已經大到無法單憑這些理由應付。對於無法適用刑罰的孩子，他們身為負責的機構，不得不面對問題。

「根據面談的印象，她是一個非常普通的女孩。她能與我們正常對話，來自一個極其普通的家庭。這樣的反差讓我們感到震驚。」中村所長開口說道。

「事發當天，她仍感到緊張與不安。她雙手捂著臉，哭著說話。」

我無法得知其中的真意，究竟前後關係是「因為所以」，還是「即使如此」。所長接著說道：「我們沒有聽到關於她個人的詳細情況。」

「她成長過程沒有問題，成績也很好，是個努力的孩子。」

這大概是從她父母那裡聽來的感想，暗示她的家庭環境中沒有特別的問題。一般來說，許多少年犯罪事件的背後，都隱藏著父母家暴的情形。但所長強調，在這名女孩的家庭中，沒有發現虐待行為。

中村所長再次描述他對這名女孩的印象：

「她是一個無法順利表達自己想法的孩子，即使感到困擾，似乎也很難明確說『不』。」

昨天開始對女孩進行調查的相關人員，也說他們有類似的印象。言外之意，這名女孩是個「缺乏主見的孩子，不是一個任性的孩子」。

無論是身體還是心理上，都沒有發現明顯的疾病。大人與她交談時，她能直視對方的眼睛進行應對。儘管她有時會緊張，但不會長時間陷入恐慌。綜合考慮後，兒童諮商所將這名女孩歸類為所謂的「普通小孩」。

然而，溫順、不引人注目、被歸類為「普通」的女孩，內心深處是否有什麼重要的東西徹底缺失了呢？還是說，那個重要的東西根本尚未成形？

無論如何，對我們記者來說，這次的記者會讓人煩躁。

「女孩很難表達自己的想法，背後可能隱含很多事情。」中村所長這種模稜兩可的發言，對於急切想要堆疊事實的記者，顯得格外含糊。

不過，兒童諮商所的鐵則是不會透露任何妨礙女孩更生的資訊。在兒童福利的領域中，所有的孩子都是「被害者」，所以他們的規矩是，絕對不會透露任何對孩子不利的消息。

話雖如此，或許是考慮到事件的嚴重性，抑或是不熟悉媒體採訪的緣故，中村所長還是提到了一些內容，讓人得以窺見案件的端倪。

「她們兩人的關係沒有特別不好。網路上有一個討論區，她們似乎會在那裡交換過訊息，我聽說對方寫了些讓她不愉快的言論，兩人之間也討論過希望對方停止寫這些言論。」

焦躁出席記者會的記者第一次顯露出振奮的神情。

「那就是動機嗎？」、「可以再說得詳細一點嗎？」、「具體是寫什麼內容？」

「不清楚……我不知道。」

面對記者的來勢洶洶，中村所長退縮了，回答再次變得冷淡。不過，兒童諮商所不太可能強行追問女孩事件的真相，所以這應該是女孩主動提到的事情。到底女孩心中在想些什麼，大家也只能絞盡腦汁揣測。

儘管如此，從這次記者會也能看出，兒童諮商所對待女孩小心翼翼，根本無法觸及事件的真相。法律的宗旨和一個人已經死亡的現實，兩者的落差過於巨大，少年重大案件卻搭配兒童福利法，實在太不合適了。

正因如此，女孩的未來該如何是好？

在記者會之前，兒童諮商所已經召開了「處遇判定會議」，討論如何處置女孩。最後得出的結論是，他們會將判斷交由兒童諮商所以外的機構處理，也就是將女孩的審理委託給司法機關。

中村所長在記者會上透露，已經將女孩移交至家事法院。這麼說可能有些嚴苛，但這代表兒童諮商所放棄了「調查」，將此事交給「專家」處理。

長崎家事法院佐世保分院在接受請求後，當天立即決定對女孩進行觀護處分，這相當於成年人的「拘留」。同一天，女孩從佐世保警署，被移送至長崎市內的少年觀護所，電光石火般的接力賽。隨著被送交至家事法院，本來在兒童福利法庇護下的女孩，踏上了少年法的軌道。

中間的孩子

女孩被移轉到長崎市少年觀護所，開始接受觀護所的調查。由於女孩的相關處置已經移交至家事法院，所以全面展開正式的調查。

兒童諮商所是廣泛卻淺層地處理繁雜的家庭問題，如虐待或生活保障等；觀護所則不同，他們是「處理犯罪少年的專家」。

技術官的調查是非常徹底的，不會錯過任何細枝末節。

他們會探究女孩對事件的想法、與父母的親子關係如何、是否能與同學建立良好的友誼等等。技術官們會對女孩進行一對一個人面談，在看似隨意的對話中引導話題，探查女孩的內心世界。

此外，還會檢查她是否生病、智力是否在平均範圍內、有沒有心理疾病、家族中是否存在遺傳問題等等，從科學的角度出發，全面剖析女孩的特質。他們讓女孩畫畫、寫命題作文、做拼貼畫，並藉這些活動觀察她的行為。

在觀護所期間，他們會從醫學、心理學、社會學、教育學等各種角度，徹底分析女孩。然後，女孩特質的「鑑別」結果，會以「鑑別結果通知書」的形式送交家事法院，這些寶貴的資料，將成為法官判斷女孩處分的重要參考依據。

女孩被收容在觀護所的一個房間裡，與父母分離，孤獨生活。她被隔離在陽光照射不到的地方，並進入了司法程序，她就像是砧板上的魚任人處置，所以需要法律上的支援。但由於幼童尚未達到刑法處罰的年齡，往往會被法律的框架忽視。長崎縣的縣律師公會雖然引進「值班律師制度」（律師公會為被逮捕的嫌疑人提供律師協助的制度），但十四歲以下的未成年人，不是此制度的適用對象。這可能是因為，他們未料到有這種可能。但一個小學女生根本無法理解她即將面對的司法程序，她置身於充滿陌生大人的世界，如果讓她孤身一人面對審判太不公平了。因此，她絕對需要一位幫忙她的律師（輔佐人）[5]。

縣律師公會緊急為女孩挑選「輔佐人」，在案發的第二天，便選出了三名輔佐律師，他們分別是縣律師公會「兒童權益委員會」的委員長迫光夫、川添志，以及山元昭則。迫與川添兩位律師來自長崎市，而山元律師則在佐世保市，他們各自都有自己的事務所，都是在刑事案件中經驗豐富的律師。

然而，放眼全日本，沒有聽說過任何一位律師擔任過十一歲幼童、還是殺人案件的辯護律師。輔佐人的支援工作，如同字面意義，是從摸索中開始的。

最初與女孩見面的是山元律師。在事件當天，還未被選為輔佐人之前，在佐世保市的山元律師，就已經在佐世保警署與女孩會面了。接著，六月三日，迫律師和川添律師在少年觀護所與女孩會面。據說，他們從上午九點到上午十點，與女孩進行了一個小時的交談。觀護所內設有審判室，供少年審判使用，這就是他們會面的地方。

女孩穿著淺藍色襯衫，外面套著暗紅色的運動服，出現在審判室裡。從外表來看，她就是一個再普通不過、可愛的小學女生。

對女孩來說，她之前所接觸的成年人，最多就是學校的老師或鄰居。因此，看到兩位陌生男性出現，她不由自主警惕起來。

另一方面，兩位律師首先考慮到的是不要帶給女孩壓迫感。

所以讓她坐在椅子上後，兩位律師輕輕坐在她的兩側，避免正面相對，造成壓力。從

5 成人刑事案件中，被告所請的律師，一般稱為辯護人，而為少年事件被告從事辯護、法律釋疑等行為的律師，則稱為輔佐人。

女孩的角度來看，右邊是迫律師，左邊是川添律師。

「基本上，女孩都老實回答了我們的問題。沒有哭泣或情緒失控等情況出現。」

迫律師在六月三日的記者會中，描述了女孩會談時的樣子。

在觀護所裡，女孩過著規律的生活。六月二日被送往觀護所的女孩，住進了一間單人房，晚上十點上床就寢。晚餐是米飯和燉菜，早餐則是米飯、味噌湯和一些小菜，疲憊不堪的女孩，幾乎把所有的食物都吃完了。空閒時間裡，女孩似乎閱讀了觀護所技術官提供的《紅髮安妮》等書籍。

兩位律師一面留意不要刺激到女孩，一面慢慢將話題轉向核心。

「她提到聊天室和討論區的事情，也說到了交換日記的事。」

迫律師在記者會上提及女孩和怜美之間的衝突。但是，對於事件的核心部分，就連律師也無法完全掌握。

「當問她『為什麼事情會演變成這樣』，她的表情不太好看，似乎陷入了思考，面對有關案件的核心內容，或是以什麼方式實行犯罪等具體問題，她沉默了將近十秒。」

迫律師露出了困惑的表情。

「沒有家人或朋友可以傾訴嗎？」

這樣詢問時，女孩回答道：

「我一個人煩惱，一個人思考。」

一個人煩惱，一個人思考……孩子氣的行為，成熟大人的語氣。究竟女孩是個怎樣的小孩呢？她看似溫順，真實心思卻讓人無法捉摸。

會面中，有一段對話能讓人得知女孩如何看待自己。

「妳覺得自己是怎麼樣的一個人呢？」

「我是中間。」

女孩害羞地這樣回答。這是個抽象的答案，於是輔佐人進一步追問。

「怎麼樣的中間呢？是指身高嗎？」

「各種意義上的。」

川添律師在記者會上解釋了提問的意圖：

「女孩的學校一個年級只有一個班，所以從一年級到六年級，都沒有換過班。從低年級開始，誰是聰明的孩子、誰又擅長運動、誰引人注目，這些早已確定。因此，我想問的是，她認為自己在班級中的定位是什麼。」

然而，在與女孩的對話中，未能解開「中間」的含義，女孩的解釋過於簡略，讓人覺得她的回答含有深意。由於能解釋的幅度太廣，讓這段話染上更多臆測的色彩。

顯然，沒有人能真正掌握女孩的真實面貌，屢屢撲空。

案發後，女孩的解釋總是曖昧不明，如果只聽她的言辭，會讓人不知道要如何理解才好。對於自己的過錯，她對律師說：「為什麼會這樣？如果我好好考慮再行動，就不會發生這種事了。」但相反地，她又在縣警的調查中供述：「幾天前就在想殺人的方法了。」她深思熟慮後精心策畫的手段，與她似乎是臨時起意的言行之間，存在明顯落差。

女孩對律師提問的回答，更是讓大人感到混亂。

「妳對怜美有什麼感覺呢？」

「想見她，向她道歉。」

「妳自己以後想過著怎樣的人生？」

「……如果能過著平凡的生活就好了。」

親手奪走同班同學的性命，這是無法挽回的過錯。女孩真的能理解這份沉重嗎？

在案發當天，女孩曾在警方的訊問中供述：「等她死了，我才回到教室，避免被發現。」她親眼見證怜美的生命逐漸消逝。女孩對人的「死亡」是否有所認識？無論是律師還是記者，對此都感到困惑不解。

「她說出反省的話，這讓我們覺得，她對自己的犯行有所認識。但關於這一點，我們沒有深入詢問，也無法問得太多。」輔佐人也感到困惑。

在會面過程，女孩一直對兩位律師使用敬語。回應律師的問題，她的態度有禮貌，像優等生一樣。兩位律師的看法和兒童諮商所一致，都沒有發現她在溝通上有什麼困難。

對於女孩的印象，迫律師表示：

「她顯得非常幼小，雖然是小學六年級的學生，但看起來像是小學四年級左右。這樣的孩子竟然能做出那種事，讓我感到非常意外。」

川添律師則說：

「確實我也感覺她非常年幼。她的身高不高，表情也很稚氣。只是，她在簽署輔佐人的委託文件時，字寫得很端正，從這一點來看，或許她並不像表情顯現得那麼稚氣。」

兩位律師對她的印象都是「稚氣」。

據說女孩還談及了自己的父母，她說道：「給爸爸媽媽添麻煩了，我想道歉。」

以這樣的對話節奏，真的能捕捉到女孩的真實面貌嗎？在會面後的記者會上，記者多次提問關於精神鑑定的問題。

「根據今天的會面，我沒有發現任何異常的跡象，沒有任何讓我感覺需要進行精神鑑定的理由。在許多案件中，你會覺得孩子有些怪怪的，但這次，在一個小時的對話中，完全沒感到任何異常。她看起來完全正常。」迫律師毫不猶豫判斷道。

可是，當記者問：「那為什麼這樣的孩子會做出這種事情呢？」迫律師只說了句：「是啊……」便沉默了。兩位律師的表情都很凝重。

警察、觀護所的技術官與律師，接連不斷與女孩會面，她的緊張始終無法消解。她是否會思念爸媽呢？

隔天，六月四日下午四點過後，女孩在觀護所與雙親見面。從案發到現在，整整三天過去了，父母終於見到了女兒。據說，女孩看到坐在正對面的父母，緊張的神情沒有緩和，只是緊張的意義不太一樣。

「妳還好嗎？」

最先開口的是父親。在個性獨裁，對女兒管教甚嚴的父親面前，女孩只是微微點頭，她無法直視父母的臉，一直低著頭。母親用手帕擦拭眼角的淚水，淚水順著她的臉頰滑落。

他們持續交談：好好吃飯了嗎？聽老師（觀護所的技術官）的話嗎？女孩只是點頭，偶爾回應兩三句，臉上一直掛著困惑的表情。

觀護所不同於會面需要隔著玻璃的拘留所或監獄，這裡沒有隔開親子的障礙，因為女孩並非「罪犯」。然而，父母並沒有抱住她或撫摸她的頭，沒有表現出這類親情的舉動。

會面僅持續了三十分鐘左右。

「時間差不多了。」

技術官提醒道。於是父親對女兒說：

「妳早晚都要誠心祈禱啊。」但女孩幾乎沒有與父親對視。

在事件發生前，父母並沒有察覺到女兒的異樣。無論是父親還是母親，他們都完全無法理解女兒為何會做出這種事。

——小怜，對不起。——

事件發生後，自從在分局和御手洗先生分別，我就再也沒見過他。

在三樓，有御手洗先生的親戚，和公司派過來照顧他日常起居的同事。準備食物、打掃、洗衣服、接待訪客，全都由住在他家的同事負責，而御手洗先生則一直待在房間裡面。自案發當天的記者會後，他就再也沒有露面。

但即便我見到他，我又能做什麼？御手洗先生以這種形式失去了怜美，我又能對他說什麼。

案發後一天、兩天過去……時間的流逝不會在意人們的感受，當回過神來，不知不覺，距離事件發生已經快一個星期。

因為事件發生後，御手洗先生馬上以「媒體人」的身分接受採訪，所以彷彿理所當然，快滿一星期時，記者們再次要求舉行記者會。一週、一個月、一年……無論這些時間點對遺屬來說多麼無意義；對媒體而言，節點就是節點。

媒體公關公司統整了各家媒體的提問項目，竟多達二十四項。

從詢問事件發生一週後的心情、與加害女孩有無接觸等等……到一些不禮貌的問題，像是試圖讓御手洗先生談論事件背後的原因，還有一些不識相的人，前提就把事件的起因歸咎於怜美自己。問題多到連一張A4紙都寫不下，塞成滿滿的兩頁，若要一一回答恐怕會沒完沒了，只會讓御手洗先生更痛苦。

我無言以對，即使是喜愛報導案件的白神主編，也露出了不悅的表情。

「真的是問得很殘忍。」

不過他還是擺出一副老成的模樣：「我們都是媒體人，沒辦法。對吧，川名。」說完，他用力拍了拍我的左肩。他是那種重視行動勝過思考，重視故事勝過邏輯的人，但那一刻我才發現，這位純粹的案件記者並非沒有血淚，而是他熱愛血淚。因此，表面看似粗獷的他，偶爾也會展現出細膩的一面。

確實，如果我站在其他媒體的立場，面對偏遠鄉村突然冒出的重大新聞，我也會情不自禁興奮起來，沒有把握自己會問出什麼，或許我也會因為天真無知，問出特別不合時宜的問題。儘管如此，我還是無法在記者會上與御手洗先生面對面，我拜託了其他記者前去採訪。

御手洗先生原定於七日晚上七點，在佐世保市政府舉行記者會。到了預定時間，門口出現了一個人影，在門打開的瞬間，等候多時的一群攝影師按下快門，閃光燈閃爍一片。但出現的人卻是福岡縣律師公會的八尋光秀律師。御手洗先生在記者會的前一天，選擇了這位律師作為他的代理人。

「御手洗先生現在的狀況比事件當天還要糟糕得多。兩、三分鐘前思考的事他都記不清，有時他會哽咽，甚至真的哭出來。當然，他也有堅強面對的時候。不過對於報紙和電視報導，他經常重複說著：『雖然頭腦能理解，但身體無法接受。』」

八尋律師解釋御手洗先生的現狀。據說，直到記者會前兩個小時，御手洗先生都還打算親自出席。但最終，精神科醫生阻止了他。

不要說御手洗先生會因為記者會憔悴不堪，他甚至連能夠出席的精神狀態都沒有。

取而代之，聚集而來的記者們收到了一封御手洗先生親手寫的信，信中充滿了父親失去愛女的深切思念。

小怜，妳現在在哪裡？妳見到媽媽了嗎？妳在什麼地方玩呢？

小怜，怜美，當我不由自主回憶與哭泣，我的喉頭就像要吐出來，像有個火熱的球在胃裡滾動。等回過神來，我發現自己正咬緊牙關，話都說不清楚，什麼都無法思考。真的好累。媽媽過世後，爸爸也變得不正常了，現在變得更糟糕了嗎？

那一天，送妳出門上學的時候，是我們最後的對話。我從洗衣機裡拿出衣服，妳像風一樣從我身旁跑過去。雖然我沒看到妳的臉，但我記得，妳左手拿著白色袋子，裝著打飯值日生的衣服。

「體育服不用帶嗎？」「不用——」

「沒忘記什麼吧？」「沒有——」

這是我們家每天早上的對話。

我們五個人一起去過很多地方玩。至今我都還記得在東京迪士尼樂園的那次，剛進入灰姑娘城堡，妳就開始哭，我只好陪妳先出來，但其實爸爸我一直都很想去城堡。開玩笑的。

但說真的，妳總是很快就能交到朋友，這是我做不到的事情。這是妳從媽媽那裡繼承來的天賦，所以我自以為可以放心。不，我只是想要放心，尤其當我看到妳轉學後的樣子。

媽媽去世後，爸爸因為寂寞，總是在不經意間陷入低潮，抱怨個不停。「爸爸，你不樂觀一點不行啦。」、「悶悶不樂也沒用啊。」不知道妳曾經對我說了多少次。還有，妳因為我不做家事而大發雷霆。我真是糟糕的父親，請原諒我。

家裡還有妳愛用的馬克杯、飯碗、湯碗、筷子，還有很多東西。但妳已經不在了。我偶爾回過神來，時間卻已經過去。我短暫陷入沉思：我現在到底在做什麼？我應該要像往常一樣思考今天晚餐要做什麼，我卻什麼也沒做。會一邊笑著，一邊問我「今天晚餐是什麼」的妳，也不在了。

為什麼「不在」？這我「無法理解」。報紙和電視新聞上出現了我和妳的名字，為什麼會出現？我不知道。

這就是所謂的「腦袋無法運轉」嗎？這就是所謂的「無法接受小怜不在」的感覺嗎？我寫這些的時候覺得自己很冷靜，但我知道，寫完之後我還是會回到原本的狀態。

小怜，對不起啊。妳不用再做家事了，去玩吧，好好去玩吧。零食和冰淇淋都可以盡情吃了。

這是我後來聽說的事情。

六月一日事件當天，八尋律師在鹿兒島市出差。據說，他是在街上的一間定食店裡，偶然看到御手洗先生在電視裡的採訪。

「這人已經徹底崩潰了，得有人阻止他。」看到御手洗先生的表情，八尋律師心裡想。

八尋律師曾擔任麻風病訴訟的律師團代表，近年來在藥害肝炎訴訟中四處奔走，為議員立法通過《藥害肝炎救濟法》貢獻力量。他不僅很有手腕，也很習慣應付媒體。

他想保護這個家庭免受媒體的侵擾。他一心想的是如何阻止御手洗先生參加第二次記者會，於是在成為代理律師後，八尋律師想到的辦法是尋求精神科醫生的「診斷」。

「讓當事人（御手洗先生）出面是律師的恥辱，請不要出席記者會。我會拿到醫生的診斷書。不過，您還是發表些評論吧。」

御手洗先生被說服了。這一機智的處理，也終於讓御手洗先生卸下了背負的重擔。

八尋律師立刻打電話給認識的醫生，說明了御手洗先生的身心狀況。醫生口頭給予了「醫囑禁止」的證明，從而說服了御手洗先生和媒體。八尋律師在這方面的經驗尤其豐富，能夠隨機應變判斷什麼對遺屬來說是恰當的決定。

他的判斷也帶來了出乎預期的成果。在記者會開始的數十分鐘前，被建議寫一封信的御手洗先生，一氣呵成寫了這篇文章，後來他說「我也不知道自己為什麼能寫出這種文章」。這封寫給怜美的信，讓會場變得鴉雀無聲。平常以流露出情感為恥的記者們，都不禁流下眼淚。

自此以後，每當有媒體要求對御手洗先生進行採訪，八尋律師都以代理人的身分出席，並且公開御手洗先生的手記，這也成為了一種固定模式。

審判開始

送交家事法院的少女審判迫在眉睫。

眾所周知，成年人犯罪後的刑事審判，通常會持續一年以上的長時間。但在少年事件中，家事法院所能掌握的期限卻只有四週。在這四週的時間內，必須舉行少年審判，並決定對加害者的處分。仔細想想，這確實是相當緊湊的時程安排。

在決定觀護處置後，家事法院會對加害者進行社會調查，以判斷是否有必要開庭審判。調查內容包括少年和雙親的經歷、成長歷程、性格特質、學校和家庭環境等，並訊問本人或其他關係人。不用說，少年觀護所的報告書也是重要的參考資料。法院將基於這些「調查」結果審慎考量是否開庭審判。

這些調查在原則上，並不以加害少年的犯罪動機為主軸。即便沒有達到兒童福利法那樣的程度，但少年法同樣以少年的「更生」為目標，並展開獨特的應對模式。

舉例來說，少年法在形式上會去「探究家庭環境」，以了解少年「走上」這條路的背景因素。家庭環境是重要的參考資料，好讓法院判斷什麼樣的保護處分適合加害少年。這種探究的方法，可以說有些迂迴，甚至搞不好和一般學校老師的作法沒太大的差別。

少年審判本身也和刑事審判的宗旨不同。少年法規定，審判應「在親切的氛圍下和諧進行」，並「促使少年反省自己的不當行為」，本來就不是要給予少年懲罰以示懲戒。因此，這種方式有時會導致讓受害者家屬難以接受的結果。

這次的事件，由長崎家事法院佐世保分院處理。但由於這是一個小分院，如此年幼的孩子所涉及的嚴重犯罪事件，他們沒有處理經驗。

六月八日，家事法院佐世保分院決定由小松平內擔任主審法官，並由上田賀代、進藤千繪擔任陪席法官，組成三人合議庭進行少年審判。一般的少年事件會由一位法官審理，但這次決定由多位法官共同審理。此外，社會調查工作也由五位家事調查官共同分擔，這類調查工作通常只需一人，配置可以說相當完備。順帶一提，左、右陪席法官都為女性，不是因為案件的加害者也是女性，而是因為當時的陪席法官恰巧就只有這兩名，這個法院的規模就是這麼小。

那麼，奪走怜美性命的女孩，未來將會如何？

年幼的女孩無法成為刑罰的對象，即便被送往家事法院，法院仍然會根據兒童福利法，以讓她更生為前提。

在這個時間點，女孩已經承認了自己所犯下的罪行，客觀的證據也都非常充分。對於事實的認定，沒有疑問的空間。

如此一來，女孩的去處幾乎已經百分之百確定是「兒童自立支援設施」。由於事件的嚴重性，不可能讓她回到家中進行保護管束，所以唯一的選擇，就是將她與父母分開，安置在設施內生活。

兒童自立支援設施也許不像少年輔育院那麼廣為人知。引用官方的說法，這是一個

「針對不良行為或可能會有不良行為的兒童」，「根據個別兒童的情況進行必要指導，並支持其自立」的設施。簡單來說，就是以規律的集體生活方式，讓犯下「成人罪行」的少年，重新地健全成長。然而，這類設施與少年輔育院之間仍有根本性的差異。

首先，兒童自立支援設施中並不存在「加害者」的概念，設施與兒童福利法的理念相連，因此並沒有加害與被害的二元對立觀念。少年無論是加害者還是被害者都不會受到譴責，他們一律都被視為是社會未能妥善照顧的「受害者」。

犯下重大罪行的加害者也好、遭受父母嚴重暴力的受虐兒童也好，一概都是「被害者」。兒童自立支援設施，就是「保護」加害少年的場所。

但是，面對十四歲以下的孩子，是否真的能把加害者和受害者一概而論？即使這孩子是社會不公的受害者，但無論孩子還是大人，被害方所承受的痛苦是不會改變的。這種做法是否忽視了少年事件中的被害者，製造出新的不公平呢？

比較粗暴的人，會對觸法少年案件的現況如此鄙夷：

「十四歲以下的孩子，說穿了就像狗一樣。即使被咬了，狗也不會為此負責，只能透過訓練避免牠再次咬人，被害者就只能自認倒楣。即使受了重傷，也只會得到一句『真是不幸』的安慰。」

順帶一提，這些設施幾乎沒有防止逃跑的障礙，結構開放，與監獄的「高牆」完全不同，如果想要逃跑，非常容易成功。而且，即使真的逃跑了，設施的職員也沒有強制把人抓回來的權力。

不過，如果要收容曾經犯下重大罪行的少年，這樣顯得不夠可靠。因此，兒童福利法中隱藏了一張王牌，名為「強制措施」的制度。法律規定，當兒童有可能傷害自己或他人的時候，可以暫時限制其行動並剝奪其自由（例如將兒童關進上鎖的房間）。

事實上，全日本只有兩個國立設施，男女各一間，設有上鎖房間，採取強制措施。一個是專門收容男孩的武藏野學院（位於埼玉縣埼玉市）；另一個是專門收容女孩的「鬼怒川學院」（位於栃木縣櫻市）。換句話說，在全國只有兩所設施，能夠收容涉及嚴重犯罪的觸法少年。

基於這些條件，這名加害女孩的去向只能是鬼怒川學院。直截了當說，在審判開始前，如同輸送帶傳輸般，就已經確定她會進入鬼怒川學院。

既然女孩的處境幾乎已經確定，媒體對家事法院的期望自然也很明顯，女孩為何會犯案？在少年法的束縛下，要如何解開她的動機和背景？

焦點都集中在這些問題上面。

前班導的淚水

當發生震動社會的案件，年輕記者的工作其實不是寫報導，他們大部分的時間都用在夜間採訪和清晨守候上。

在案件發生後，縣警以及相關人員通常都會舉行記者會。表面上看，似乎是在揭露資訊，但實際上，他們幾乎不會在攝影機鏡頭前談到真正關鍵的內容。一般都是以年輕記者為主力，在縣警官員的住宅外蹲守，等待他們深夜歸家或清晨出門上班，以期挖掘出情報。

這就是俗稱的「跑線」。一旦有事件發生，對於當局而言，工作壓力也會加劇，警方日夜都在進行調查，所以若要等他們回家，等到午夜時分也是家常便飯。即使終於見到了對方，也只會得到一句「辛苦了」、「今天沒什麼新消息」等敷衍回應。對於平日沒有交情的「陌生」記者，他們甚至連正眼也不會給。

在佐世保事件中，各家媒體都派出了大量的支援記者，夜間採訪與清晨守候的取材競賽愈演愈烈。在這次事件中，能夠採訪的對象相當多元，佐世保警署和位於長崎市的縣警本部自不必說，還有學校相關人員、兒童諮商所的人員等等。我身為當地分局的記者，自然而然也成為其中一員，被派往現場。

案件的動機是什麼？女孩是怎樣的一個孩子？各家媒體都試圖從消息來源中獲取線

索。記者根據夜間和清晨採訪獲得的情報撰寫報導，刊登在報紙版面。由於這起事件引發社會的高度關注，報導連續多日占據了頭版和社會版，內容涵蓋硬性新聞和軟性分析。各家媒體的主編都不希望只有自家的報紙出現空白，大力激勵年輕記者前去採訪，大家自然就更加投入。

我自己雖然還處在震驚之中，無法靜下心細讀報導的內容，但除此之外，我也感覺並沒有哪篇報導，真正揭示出女孩的真實樣貌或事件的全貌。

「那孩子雖然是人類，但跟野蠻人沒什麼兩樣。」一位縣警官員這樣說道，把女孩切割成野獸的一邊。

「在學校從未聽說過她有任何問題，不是那種孩子。」、「沒有比她更文靜的孩子了。」學校人員如此強調他們的記憶。

這些說法都顯得薄弱，無法說服我釋懷。

六年級的班導師，被認為是了解案件的重要人物，他也參與了當天的現場勘查。他目睹了那淒慘的場景，他對周圍的人說：「感覺失去了自我。」事件發生後，他立即住了院，現在仍住在防止自殺的封閉式病房中，尚沒有重返工作單位的跡象。

在這樣的情況下，還有另一個人，被認為對女孩十分了解，那就是在案件發生前約兩個月，該年三月仍擔任著五年級級任老師的女教師。

在採訪名單上，這位女教師被列為優先訪問的人物之一，不過我個人也想聽聽她的說法。我想，也許她作為女性教師，會知道一些線索。

事件發生的數天後，我到她家拜訪，在晚上十點多時悄悄摁了她家的門鈴。一位三十多歲的女性小心翼翼出來迎接，這位女老師看起來認真而溫和，因為事件的衝擊，她嬌小的身軀縮得更小了，然後她一點一滴向我訴說。

「事件發生後，我一直覺得像是在做夢……作為前級任老師，我感到自己也有責任……為什麼會發生這樣的事，我自己也不知道。如果有人問起，我也不知道該怎麼回答。」她的聲音因淚水而顫抖。

「她是個怎麼樣的孩子？」我問道。

「她天真的笑容和這件事實在無法連在一起，我也想不到該用什麼詞形容她比較好。她確實會情緒波動，但這種容易生氣的孩子也不只她一個，我不認為『因為是她才會這麼做』。」她回答得有些詞窮。

每當我提出問題，女老師都會低著頭尋找合適的詞語回答。然而，當我問到「女孩擅長什麼」，她毫不猶豫回答：「美術和電腦。」

「是電腦。在電腦寫作課上，其他孩子只能勉強打滿一張紙，她卻能寫滿九張。能做到那個程度，她應該很有自信吧，同學也都很認可她。要用電腦製做作文集時，她也熱心幫助一些還在苦苦掙扎的同學。」

電腦成為描繪女孩特徵的一個場景。怜美也很擅長使用電腦，擁有共同興趣的兩位女孩之間，有著什麼樣的連結？

「我不認為她們會吵架。她們會交換日記，似乎還一起寫小說。不過，怜美最常一起玩的朋友應該是別的孩子。」

據她說，怜美總是和五、六個朋友玩在一塊，她們經常在怜美家裡，也就是分局的三樓一起做點心。這麼說來，我也經常看到怜美帶著一大群朋友來家裡，我還吃過她們烤的餅乾。

「（加害女孩）是一個特別冷靜的孩子，沒有所謂的密友。雖然她也有比較要好的朋友，但那些也都是獨處沒問題的孩子，她不像其他同齡女生那樣，動不動就黏在一起，連上廁所都要一起。」

冷靜的反面，是否就意味著孤獨呢？但老師否定了這個說法。

「那個班級的女生，整體關係都不錯，她並沒有孤單一人，她在班上有自己的一席之地，也沒有給人陰沉的印象。」

儘管聽了這麼多，我仍無法明確拼湊出女孩的形象。

然而，有一段話讓我十分在意，就是女孩曾經加入籃球社。

「她曾經說過，如果成績下滑，她媽媽就會讓她退出籃球社，所以她還和我說『別讓我的分數掉下來』。但後來，她退出了籃球社，但我記得她的成績並沒有下滑。」

怜美也曾是籃球社的成員。會說「曾經」，是因為她也中途退社了，在女孩退出前不久，怜美也選擇退社。電腦和籃球，連結兩位女孩的共同點，是否與這次的事件也有聯繫呢？

老師對加害女孩的話題顯得沉默，但一提到怜美，她像打開話匣子，滔滔不絕說起往事，再度哽咽起來。

「大家都親切喊她『御手子、御手子』。這年紀男孩女孩開始出現差異，相處不易，她是連接男生和女生的橋梁。她性格開朗，像向日葵一樣。事件發生前的運動會上，她和幾個女生做了白隊的旗子，旗子大約有一公尺，上面畫了大老虎。她把旗子拿給我看時，還開心笑著……我實在不明白，為什麼會發生這種事。」

不知不覺，已是深夜十二點。在寂靜的住宅區裡，唯有此處門口的燈還亮著。

她最後含著眼淚訴說：

「那日的記憶，我無法忘記。我得知午餐時間出狀況的班級，是我直到三月都還擔任班導的班級，我整個人都愣住了。我全部的感受只剩下『不會的，不會的，不會的，我不相信』。現在我只想對御手洗（恭二）先生說聲抱歉。」

她最後的話已泣不成聲。

事件發生後不久，有一家未曾採訪過這位教師的媒體，刊登了一篇標題為〈五年級時班級崩壞〉的文章，質疑這位女性級任老師的能力，未能全面照顧到學生。然而，我多次與這位教師深入交談，我認為將事件的責任歸咎於她不合理。

抱持這樣的看法，我在六月六日的《每日新聞》上，發表了一篇標題為〈班導的悔恨看不見的心靈陰影〉的訪談報導。雖然「心靈陰影」這個標題未免有些草率，但我感覺多少能傳達出她的心情。

報導刊登的當天早晨，教師家門口便排起了媒體長龍。不過，她再也沒有對外發表任何言論。

穿越黑暗，光明一定存在——
影子與漆黑的天賦即便充滿了黑暗也無妨。
此刻的我就是我，因為那並不是全部。
無論被推向深淵、嘗盡絕望，也不是毫無意義。
儘管痛苦、絕望、煩惱支配著我，我仍與一切戰鬥，葬送黑暗
我渴求光明與自身存在的價值。
沒錯，雲遮住了月，地面失去了光明，
但光依然存在，所以，即使陷入無盡的黑暗，也不要總是依賴月亮。
大家一起努力，就能比月亮更加明亮地照耀彼此。
倒下又爬起，雖然我一開始總是跌倒，
但我想，最後能站起來就足夠了。

〔出自加害女孩的部落格〕

部落格的心聲

十一歲女孩所引發的殘酷事件，究竟是什麼樣的心情，讓她對同班同學御手洗怜美痛下殺手呢？

在重大犯罪案件中，警方通常會利用最長二十天的拘留期，花大量時間審問嫌疑人，製作調查筆錄。在拘留期間，警察會進行偵訊，同時檢察官也會介入調查，以取得足夠的物證和調查紀錄，確保有罪判決勝訴。但由於女孩屬於不會受刑罰的觸法少年，無法對其拘留。警察對女孩的訊問，也僅限於最初的兩天，甚至不允許檢察官與她見面。

因此，這起案件的刑事紀錄非常有限。由於兒童諮商所並非調查機關，以解開案件的真相來說，相當不可靠。

此外，根據少年法的規定，少年案件的審判是不公開的。在「不阻礙少年更生」的大旗下，能公開的資訊非常受限，對受害者家屬和媒體而言，探究事件的動機和背景成為極其困難的任務，好比以管窺天。也正是這些原因，讓許多人指謫，少年案件被黑暗的面紗所覆蓋。

不過，在這次事件中，解讀女孩心境的線索仍存在，那就是網際網路。

正如五年級班導所說，女孩對電腦非常熟練，她從很早就精通網路，她的知識以及使用電腦來去自如的模樣，在班級中可謂鶴立雞群。她經常在部落格和聊天室中寫下自己的興趣、創作的詩歌以及與朋友的瑣碎交流，可以從這些書寫中，零散窺見她的心情。

根據女孩所建立的個人網站和網路上的互動，就可以沿著時間軸追溯她的心理軌跡。

我將這些當作路標，試圖追查事件。

前面出現的那首詩，是女孩在部落格中寫下的自創詩，題為〈詩@因為那並不是全部〉。女孩使用一個叫「Cafesta」的入口網站寫部落格，這個網站在小學生中掀起一股巨大的熱潮，會員人數超過了一百六十萬人。該網站讓孩子們能夠輕鬆建立自己的頁面，且完全免費，大家能使用網站的虛擬角色「頭像」聊天，也是深受孩子歡迎的原因。

事件發生後，許多記錄已被刪除，但從小學五年級開始的部落格仍存留了下來，女孩的網路暱稱是「DUO」，她創建了自己的網站，並在父母不知情下，打造了宛如箱庭[6]般的自我世界。

這首詩在她小學五年級的二月，發表在部落格上。或許是青少女時期自我意識萌芽，又或者是這個年紀特有的自戀情結，這首詩大量鑲嵌著自我意識的碎片。

不過，女孩似乎因為感到害羞，在詩的末尾以編後語的形式，寫下了這樣的評論：

「唉呀~（汗）寫得很爛的詩啊（汗汗）這是什麼啊！！！啊~『妳這種東西不寫也可

以』是禁句！（><）」

在這段時期，女孩幾乎每天都在寫詩。隔天的詩題為〈嘆息的讚美歌〉，其中吟頌著生命的珍貴。

黑夜的天空中點綴著無數星星，夏天的天空
草原上瀰漫著清新草香，鈴蟲叮噹地鳴叫
雖然是鄉下，但我很喜歡這種環境。
有城市沒有的東西。
人們為了使自己的生活更加富裕，
砍伐大量的樹木、隨意丟棄垃圾和不燃物……
做這些事情，真的能夠因此富足嗎？
熱帶雨林、環境破壞、有毒氣體，雖然生活變得富裕，

6 箱庭（はこにわ），原指小型景觀模型，可作裝飾或藝術表現，也比喻封閉而精緻的小世界。心理治療上亦有所謂「箱庭療法」，透過讓個案在沙盤中擺放小物件，創造自己的「世界」，表達內在情感與無意識想法，常用於兒童心理治療。

但自然遭到無數次的破壞……

（中略）

蟲、魚、動物、樹木、花朵

他們都擁有唯一無可取代的「生命」……

不要殺害他們，無止盡地殺戮殺戮殺戮殺戮

人類甚至焚燒森林中的樹木。

（中略）

神明啊，您在嗎……請救救我……

雖然詩中流露出真切的感情，但在結尾時，女孩依然以開玩笑的語氣作結：

你好啊。結束。（等等）

順帶一提，殺害動物似乎等同物品毀損罪

之後，女孩幾乎每天都會發表新的詩作，標題有〈詩@夕暮的影〉、〈詩@不整齊的棍棒〉等等，無論是內容還是標題，確實都顯得很用心。

在事件發生後，「DUO」的部落格被確認是加害女孩所寫，隨著她令人印象深刻的暱稱及標題，這些詩作開始被各大報紙及電視台報導，這是標準的媒體套路。她巧妙的措辭，甚至讓教育委員會的官員也不禁驚訝：「小孩子居然能寫出這種程度的詩？」不少專家也指出，這是女孩具有獨創性及早熟特質的證據。

絕望、黑暗、生命、不要殺害、殺戮、神明、救救我……從她的字裡行間可以看見孤獨感。媒體在報導中，也試圖將這些內容與案件聯繫起來。

另一方面，也有人從不同的角度看待這些詩作。不是別人，正是現場的教師。以下是任教於大久保小學的一位老師的說法：

「我認為這時候的詩，反倒是她在正常的精神狀態下寫的。『火耕』或者『希望大家珍惜生命』之類的內容，可能是受到五年級國語和社會課的影響，像金子美鈴的詩，森林破壞也正好出現在社會課的教科書中。在五年級第二學期的課程中，都有提到金子美鈴的作品以及環境破壞的議題。當然，她內心中可能有能放大這兩種主題的特質，創造出這樣的世界……」

以金子美鈴的二次創作的視角解讀，這些詩確實散發教科書的說教味道。如此說來，教科書和學校影響的濃厚痕跡，也散見在其他作品中。無論如何，女孩詩的主題，顯而易見與她在學校的日常完全同步。

這段時間除了學校生活，在她的部落格中經常被提到的話題還有籃球。點開「DUO」的個人資料頁面，喜愛的運動欄位裡寫著「籃球」。我從老師和同學家長那裡也聽到，對女孩來說，籃球社的活動占了日常生活很大的比重。

女孩擔心「成績下滑會被迫退出」，為此請求過班導師，但她還是在五年級的冬天一度退出了籃球社。她當時和怜美交談的電子郵件還保存著，在她寫給怜美的郵件中，她感嘆道：「籃球被迫停了……」、「背號是九號，本來明年就是八號（正式球員）了……」

不過，意想不到的，女孩又重新加入了籃球社。由於退社人數不斷增加，造成球員不足，因此籃球社的社方人員又再次邀請她，她的父母一定也因此讓步了吧。儘管女孩因大人的關係折騰了一回，但她當時的喜悅之情，在部落格中也完全看得到。

〔籃球比賽來了☆〕

〔打了八幡小學和早岐小學，兩場都贏了☆〕

〔能夠當上正式球員真是太好了〕＝二月七日＝

〔今天拚盡全力，好不容易成為正式球員〕

〔比賽中……我做了很多次阻擋和投籃〕＝二月八日＝

〔昨天有比賽！上半場我們落後了（汗／差一球），但下半場逆轉勝利☆★☆〕

〔有可能奪冠嗎?!結果是，第一名：大久保（我們）〕＝二月十五日＝

她用時下流行的說法和網路文字，持續寫著充滿孩子氣且生氣勃勃的日記。

〔今天從佐世保到長崎比賽〕

〔御館山好強啊。對手都很高，我在發界外球時，壓迫感好強＞＜〕＝二月二十二日＝

但很遺憾，以二十二日為界，籃球的話題突然就再也沒有出現過了。看來，在這不久之後，女孩再次退出了籃球社。

在這段時間裡，女孩從學校生活中獲得靈感寫下詩篇，還在部落格中生動地記錄了籃球比賽，同時她和怜美的關係也變得更加親密，她在二月十八日發表的〈詩＠無法原諒〉就是一個例子。

〔大家都說要是父母不在就好了……真不可思議。

我呢，父母已經去世了，父母……根本不在了。

總之太狡猾了，讓人怨恨。說什麼不需要父母……

你能理解我失去父母的感受嗎？當父母不在了，那種……

孤獨、羨慕那些有父母的人

這不是家事問題，而是心的問題。回不到那段快樂的時光了。

即使被父母罵，也沒什麼不好。

當你的父母不在了，你就會明白。

不僅是父母，失去親人也是一樣悲傷吧？

然而大家卻說，希望父母不在。

有父母在身邊的人真是狡猾。」

〔結束~另外，我是有父母的啦（汗）這只是虛構的詩（汗）〕

「嗯嗯……這首詩真有共鳴啊~感覺有好多共同點哦……DUO真懂呢~」

怜美立即對這首詩做出回應，她很快就在部落格上留下評論。如同女孩在詩末的補充，她的父母都還健在，這首詩只是她的幻想。但怜美在小學三年級，母親直美就因為癌症去世，抗癌長達五年，最終還是離開了人世。

據御手洗先生說，妻子的抗癌生活相當艱辛。御手洗先生那時在長崎分局擔任主編，但由於他要看顧妻子的病情、撫養孩子以及兼顧工作，負擔過大，於是他主動要求調職到工作較少的諫早通信部。考慮到他的年資和工作實績，這樣的調動難以想像。

此後，他的生活重心完全放在妻子的抗癌治療上。對怜美的母親來說，她一定很不甘心過早離開年幼的孩子，於是她忍受著病痛，從醫院回到家中，和三個孩子共度剩餘的時光。母親坐輪椅，擅長彈鋼琴的怜美，喜歡在媽媽面前彈奏。

對於還稚嫩的怜美來說，這應該是強烈且珍貴的回憶吧。我不知道加害女孩在寫這首詩時，背後是否有深層含義，但以父母缺席為主題的這篇部落格文章，毫無疑問觸動了怜美敏感的心弦。

在那段時間裡，女孩和怜美經常在網路上互動。事實上，最初將Cafesta網站介紹給怜美的正是女孩，她甚至還教怜美如何設計網頁背景和製作網站。儘管怜美在學校的成績十分優秀，但在電腦方面，女孩就像是怜美的小老師。

兩人之間的郵件往來，在事件發生前，持續了大約半年，大部分的內容都只是女生好友之間無關緊要的對話。女孩開始感到鬱悶，是在這之後。

四月八日的日記

無聊啊啊啊啊啊啊～><

而且因為吃了冰淇淋好冷 ><

好冷！好無聊！

啊～無聊無聊無聊無聊

四月三十日的日記

從明天開始連休五天（黃金週）啦♡

我會耍廢、刷網頁、

還要努力寫小說哦（°▽°●）ノ。

大概吧（笑）黃金週的日記

（當然啦，像我這樣的閒人是什麼地方都不會去的。）

所以我也會好好安排♡♡

大概黃金週結束後，我的本性就會曝光哦♪♪

五月三日的日記

記憶回溯。

黃金週第三天，哪裡也沒去。無聊。

今天七點起床，洗臉，客廳沒人，

在那裡讀了一小時的書，中途想吃早餐，就吃了吐司，

十點時又睡著了。（啊）

最近有點糟糕。為什麼呢？

最近「記憶」喪失變多了。真的。

吃了午飯後，做了什麼完全不記得。

早上有讀書吧？十點又睡著了吧？

那麼午飯後到底做了什麼呢？

啊哈哈（´∀｀）頭腦空空，正在回憶中（´∀｀）

五月四日的日記

今天無聊到要嘆氣了。

也沒跟朋友玩什麼的（°▽°）

σ（°▽°）我家在山！！的半山腰？附近

離住宅區有點遠。

所以出去玩（`▽´）好麻煩啊—！！

沒辦法。

啊啊啊啊啊啊啊～～～～～～。

這樣當然會想在山頂大喊啊。

不過我也不是很喜歡跟朋友一起玩，所以沒什麼關係啦。（哈）

無聊腐蝕心靈

放棄籃球的女孩，在四月升上了六年級。女孩的部落格中，讓人聯想到學校生活的道德性內容消失了，反而從此時開始出現陰鬱的情緒，內容中透露濃濃的寂寞感。與五年級時期的詩相比，文字不再華麗，卻顯得更加真實，從部落格中似乎可以聽到女孩毫不掩飾的心聲。

即便迎來附上♡的黃金週，但對女孩來說，實際上的黃金週毫無樂趣可言，充滿了寂寥之感。輕快的語調之下，隱藏著讓人讀來發寒的內容。我想像文字表面上的明亮與實際生活的落差，更加覺得心酸。絕望、黑暗、孤獨，雖然五年級常常出現的誇大詞彙不再，但浮出的現實卻足以讓讀者聯想到這些情感。對朋友、對父母，甚至對自己都不再抱有期待的空虛日子。

小學位在弓張岳，女孩的家就在靠近山頂的位置，這是一個遠離市區的山間小聚落，周圍住宅稀少，幾乎沒有同齡的孩子住在這裡。要和朋友玩耍，只能搭乘一小時一班的公車，或請父母開車帶她下山。

對於孤獨的女孩來說，唯一能夠連結外界的手段就是網際網路。但比起在都市長大的孩子，對生活在缺乏刺激的山區小學生來說，網路更具潛在危險，容易沉迷在偏頗的資訊洪流中。神祕學、恐怖故事、色情暴力……無論是對大人還是小孩，網路無差別地提供等量的訊息。網路輕而易舉打破了物理距離和空間限制，將強烈的刺激性內容，源源不絕送入這位鄉村女孩的心中。

如果當時她還在打籃球，還能見到朋友，或許她的心情會有所改善。然而，這些都已經成為無法實現的願望。

女孩的假期顯得格外無趣，甚至她一再寫下「無聊死了～無聊無聊無聊無聊」。這種無聊或許讓她更感覺被孤立，成為疏離的溫床。儘管是大的連續假期，女孩卻只能待在家，唯一的玩伴是電腦。她像受到驅使一般，沉迷於網路世界中，癡迷瀏覽恐怖和神祕學網站。在這個偏遠地區，沒有任何阻礙或年齡限定，只要不斷點擊滑鼠，就能接收到蜂擁而至的訊息，失去了與外在現實連結的女孩自由狂奔。

她對網路的危險一無所知，可以說，正因為無所畏懼，她自在地在網路的浪潮中游走，內心的想像也逐漸膨脹，女孩的日常生活一點一滴開始崩解。

〔現在我在寫小說。BR（大逃殺）的外傳〕

〔不喜歡血腥內容！！的人請不要進來（雖然現在還沒有）〕

〔嗯，滿滿的血腥內容（汗）嗯，如果你在「大逃殺計畫」中被選中，你會怎麼做呢？先預告，你逃不了的。要互相殘殺嗎？還是不要呢？〕

〔我嘛……互相殘殺、奪人性命不被允許，所以我不會互相殘殺（說什麼漂亮話呢）大家，好好想想吧〕

或許是受到網路上找到的網站啟發，這段時期，女孩在部落格中透露，自己開始寫小說。這部小說以高見廣春的恐怖小說《大逃殺》為原型。《大逃殺》（通稱ＢＲ）是一部生存小說，描寫國三學生為了活命而與同學相互殘殺，後來也被深作欣二導演改編成電影。

女孩在五年級的作文集中提到，《大逃殺》是她「最喜歡的書籍」之一，不用說，她也看過這部電影。雖然電影未滿十五歲不得觀看，但她在租借錄影帶時，借用姊姊的會員卡，謊報了自己的年齡。此外，她也熱中看田口雅之在《Young Champion》上連載的ＢＲ漫畫版。

當時粉絲間流行以ＢＲ為題材二次創作，女孩也隨潮流參與其中。

五月四日，女孩在日記中寫下「無聊到要嘆氣」的那一天，她為自己創作的《ＢＲ外傳—私語—》預先公布了登場角色，並在黃金週的最後一天，五月五日，發表了小說的正文。

這是一部自製版的ＢＲ。小說的篇幅不足十頁，幾乎完全重複了原作ＢＲ的故事情節，缺乏創新的要素，像是黑色幽默般，她只是淡淡描寫著孩子們一一死去。

這種迷戀方式，與其說她很熱中，倒不如說讓我聯想到「上癮」這個詞。小說中出現的學生人數與女孩班級的人數相同，共三十八人。大多數角色都是虛構的名字，僅有一個名字讓我感覺似曾相識。

「御手洗遙香」

「御手洗」是怜美的姓氏，而「遙香」中的遙則是怜美在網路上的化名。考慮到後來發生的事件，我感到黯然。小說、電影，再加上她二次創作的大逃殺彼此共鳴，可能是讓女孩發酵出扭曲思想的起因。

事件發生後不久，加害女孩的行兇手法被揭露。她對怜美說：「有空嗎？」然後邀請她去學習室。學習室的窗簾緊閉，所以沒有人注意到裡面有兩個人。女孩讓怜美坐在椅子上，然後用一隻手蒙住她的眼睛，從背後用美工刀割進她的頸部。

這種行兇手法與《大逃殺》極為相似。

為了停止倒數

律師的輔佐團隊多次與女孩及其雙親會面。在此期間，女孩的部落格或讓人聯想到《大逃殺》的作案手法，都被報紙和週刊大肆報導。

輔佐團隊也認為，為了探究事件的真相，他們必須觸及這些話題。另一方面，輔佐律師也希望進一步縮短與女孩之間的心理距離，他們想讓女孩放鬆心情，彼此建立信賴關係，即使女孩表達比較生澀，也希望她能毫無保留說出自己的想法，這樣才能真正開始原本「為女孩辯護」的工作。

六月九日，長崎家事法院佐世保分院決定開庭進行少年審判的隔天，女孩的輔佐律師迫律師，舉行了第二次記者會。

輔佐律師以女孩的興趣，可能與事件有關聯的電腦為切入點，試圖在舒緩女孩情緒的同時，深入了解事件的核心，但這個策略並不順利。

「我們發現她在網路討論區上發表了一些詩作，所以我們拿出這些詩，詢問她詞語的含義，想了解她創作時的心情。但她沒什麼反應，所以結果不如預期。」

迫律師以心事重重的表情開始了記者會。

加害女孩沉迷於使用電腦瀏覽恐怖網站。迫律師詢問過父母，女孩在家中的情況，但談話似乎沒有進展，「父親說他從來沒有打開過孩子的文件夾。」

女孩家中共有三台電腦，其中一台是女孩專用的，文件夾中存有《大逃殺》的相關資料，裡面充滿不亞於血腥電影的獵奇檔案。只要打開這些記錄，就可以清楚看到女孩頻繁瀏覽可疑網站。然而，父母平時不會碰女孩的電腦。

「父母表示，他們沒有察覺到她有什麼異常行為。」

迫律師說道。

女兒耽溺於靈異和恐怖網站，父母真的察覺不到嗎？

「可能是……他們沒有足夠的時間或精力去注意到這些變化吧。」迫律師在眼鏡後的神情黯淡，事實上女孩的雙親都要工作，所以律師據此作出無奈的解釋。

當時，各大媒體將女孩的「孤立」和「網路沉迷」連結在一起，並探討她退出籃球社的來龍去脈。輔佐律師也向女孩詢問了關於退社的背景。

「至於她退出籃球社的原因，中間也發生很多事情，一開始是因為父母擔心，如果孩子太專注籃球，會導致學業落後。所以父母說：『如果因為打籃球而沒辦法寫作業，就別參加了。』於是她便暫時退出了。但後來……」

迫律師停頓了一下，繼續說道：

「籃球比賽的隊員不足，所以隊上詢問她『能不能參加比賽』，她就再次參加了比賽，結果比賽輸了。作為懲罰，輸的人被要求繞著體育館跑一百圈，於是女孩在指定的日期去了體育館，卻發現其他人都沒有來。後來才得知是聯絡上出了問題，不過從那時起，她便漸漸不再參加了。」

即使輔佐律師嘗試摸索，想找出了解案情的關鍵，但總是偏離核心。他們雖然能夠對話，但雙方缺乏真正的情感交流。輔佐律師仍無法消除內心的困惑。

儘管如此，事件發生起，十一歲的女孩一直與父母親分開，被隔離在觀護所裡生活，不會被孤獨或不安擊垮嗎？在記者會上有人問道：

「她沒有問過大人，自己將來會怎樣嗎？」

「她從來沒有主動問過。我們解釋了少年審判的流程，但當時她的表情沒太大變化。」

「她有沒有說過擔心自己的未來之類的話？」

「她沒有說過。」

女孩冷靜得彷彿事件與她無關。記者再度追問：

「她能理解律師的說明嗎？」

「我們是用她能理解的，簡單易懂的語言說明。」

儘管記者們身體前傾，不肯錯過任何一句話，卻無法順利寫出文章。角落甚至傳出了煩惱的嘆息聲。在這種情況下，即便想要撰寫報導，也無法把握文章的基調。記者們半放棄了挖掘新聞線索的想法，轉而試圖描繪女孩與律師面談的場景。

「女孩應該也是有表情的吧……」

「她的表情變化不多。不過她讀到詩中有趣的部分會微笑，曾有這樣的片刻。」

律師直接問女孩有關案件的問題時，女孩默默流下眼淚。迫律師繼續說道：

「她本人說，『如果能仔細考慮再行動，就不會變成這樣了吧。』但大多數的時候，對於我們的詢問她都沒有回應，沉默居多。」

「沒有回應是指？」

「感覺不是生氣，而是陷入了沉默。」

「只是單純不想說話？」

「應該是這樣的感覺吧。」

記者也對案件與《大逃殺》的關聯提出了疑問。

「您提及了《大逃殺》，它和事件的關聯程度多大呢？」

「我們問過她，但她沒有回答。談話愈接近案件核心，她的話就愈少，給人的感覺是『她不太願意談』。有時她似乎想說些什麼，卻欲言又止。」

她闖下這麼大的禍，卻閉口不言，實在太讓人鬱悶。迫律師的語氣中也充滿失望。

「案件中最讓她動搖的是哪個部分呢？」

「她沒有明顯動搖的時刻，雖然她還算坦誠。」

記者們的問題逐漸減少。雖然輔佐人受到保密義務的限制，不能說得太多，但除去限制之外，記者會中所描述的女孩，讓人感覺霧裡看花。記者無法掌握理解一個人所需的距離，就連輔佐人也無法讀懂女孩的內心。

即使談到女孩和怜美的關係，現場也散發出微妙的氛圍，「她說她們的關係比較親密，但她最好的朋友是別人。」

我們無法讀懂女孩的心，是因為我們是大人嗎？還是有其他原因呢——

對於困惑的法律人士來說，精神鑑定是探尋女孩內心的王牌。

精神鑑定的本意，是為了判斷被告人是否具備刑事責任能力，關於日本刑法第三十九條的爭議眾所皆知，但這討論僅與犯罪者的精神狀態有關。在這次的情況中，由於女孩未滿十四歲，並不適用刑法。從年齡上來看，她不具備刑事責任能力，因此於法律而言，精神鑑定毫無意義。既然已經事先免除了女孩的刑事責任，還要進行鑑定就顯得極為矛盾。

正因如此，輔佐人一開始便曾斷言「鑑定沒有意義」。

然而，隨著輔佐人被女孩捉摸不定的言行愚弄，他們也逐漸意識到精神鑑定的必要性。此外，除了輔佐團隊的意見外，審理女孩案件的家事法院也提出強烈要求。為什麼家事法院如此渴望進行精神鑑定？迫律師解釋道：

「最初我們的計畫是徵詢專家的意見。我們打算讓專家與女孩接觸，查看相關文件，即使不進行正式的鑑定，但會讓專家提供類似意見書的報告。我們會在閱讀意見書後，再決定是否需要進行精神鑑定。可是這樣做就需要花大約一週到十天。」

尚不得要領的記者，等著接下來的話。

「如此一來，就跟不上進展快速的少年審判。也就是說，『法院連一週都無法等』。因為法院也希望進行鑑定，所以我們同意進行鑑定。」

就連一週的時間都顯得珍貴。背後的原因，還是在於少年法的限制。如前所述，少年案件的審理期限僅有短短的四週。原則上在少年案中，就算是重大惡劣的案件、被告否認犯罪的案件，法院都必須要在如此緊湊的時程內決定處分，這過程快得令人恐慌，以至於無論是法院要仔細審理、受害者家屬要接受案件的真相，還是少年本人要意識到自己罪行的嚴重性，時間上都來不及。這可說是現行少年法制度的巨大陷阱。

雖然此次案件，被告沒有否認犯罪，但面對的是連刑事責任都沒有的觸法少年，所以對法院來說也是陌生的經驗。若要深入了解事件真相，顯然時間不夠。

因此，如果要安插輔佐人一開始所考慮的「請求專家接見，整理意見書」等細緻的作業，就會進一步壓縮到法院的調查時間。沒辦法做這麼悠閒的事了。

所以，最終擠出的苦肉計就是精神鑑定。

如果要進行鑑定，就可以暫時停止四週的倒數計時。在法院認為「鑑定有其必要」的期間內，女孩會被轉移到醫院等適合進行鑑定的機構，女孩將在那裡接受精神科醫生的徹底檢查，這段期間內，相當於成人「拘留」的「觀護處分」也會中斷，法院就能擁有更多時間為審判做好準備。

簡單來說，這是在拖延時間。法院祭出本應不必要的精神鑑定，這在司法程序上有很大的問題。但這樣一來，法院對女孩判決的最後期限，就可以因鑑定所需的天數延長。

不過，對一位自稱是「中間的孩子」的女孩，讓醫生來進行精神鑑定真的有意義嗎？負責成年人案件的警官和檢察官中，不少人對此表示懷疑。話雖如此，即使輔佐人在與女孩的會面中感到困惑，也不能因此就放棄她。

「女孩在會面時所表現出的冷靜沉著，與她在案件中所做出的異常行為，顯現的心理起伏極大。無論如何，如果鑑定結果顯示異常，她就需要精神科醫生的治療；如果沒有，她就必須正視這起事件本身。」

迫律師在記者會上如此強調。兩天後，他便向法院申請了精神鑑定。

實名報導

六月十二日，八尋光秀律師回應記者俱樂部[7]的要求，召開記者會，說明了御手洗先生的近況。此次，御手洗先生依然沒有現身。

八尋律師向記者報告御手洗先生在事件發生後的狀況。全日本各地共寄來二百一十七封的鼓勵信和慰問信給御手洗先生。另有錯誤報導指出，御手洗先生仍在每日新聞撰寫文章，這並非事實。御手洗先生目前仍處於不穩定的狀態，已完全停止了工作，家務和洗衣等也交由其他人負責。熟悉媒體的八尋律師，冷靜傳達出報導的重點。

御手洗先生僅公開手記，記述了事發後的心情。

雖然我既沒有工作也不做家事，身體依然感到疲憊，孩子們看起來也很疲憊。不過，大家並沒有病倒。在各位友人的支持幫助下，我們也好好吃了飯。

從表面上看，就像是一直放假的感覺。只是，怜美不在了。這一點，無論如何都讓人感到「不可思議」。

我自身最大的變化是，我不想再看電視或看書。儘管如此，我每天早上還是會看報紙，到了新聞播報的時間又會不小心打開電視，這種多年的習慣真是悲哀。新聞或報導中出現怜美的名字或照片，我就會有一種事件被擺在眼前的感覺。我知道這很自私，但我不禁覺得：「已經不需要再公布名字或照片，也能寫成一篇新聞或報導了吧。」

我寫到這裡時，感到背部發癢。以前背部癢的時候，我總是會喊「女兒的手」來代替不求人。怜美無論在房間哪裡，她都會回答「好、好」，然後過來幫忙。即使是像這樣的小事，現在呼喚她，她也不會再來了，這樣的現實正緩緩逼近我。

最後，我收到許多大家寄來的信件。我還沒有足夠的心情讀完全部，但我會慢慢讀下去，真的非常感謝。

手記透露出，御手洗先生對於媒體公開被害者實名及照片，感到不知所措。但對於媒體來說，新人記者最初的試煉，就是取得被害者的照片。

7 記者俱樂部（記者クラブ），日本的一種媒體制度，指的是由主流新聞機構組成的記者團體，負責報導特定政府機關、企業或組織的新聞。

「去把照片拿回來，拿不到就不要回來。」

縣內發生謀殺案件時，御手洗先生也曾這樣督促我和倉岡。

當時我們還是毛頭小子，被戲稱為「喂，少年偵探團」。我們雖然煩惱，仍拚命尋找照片。

不用說，事件剛發生時，受害者的家屬不可能會接受採訪。無論是快照、畢業照還是大頭貼，只要是照片就好。在明知會被拒絕的情況下，我們只能走訪認識的人或鄰居，但多半都吃了閉門羹。不過我們仍低下頭，厚著臉皮懇求，幾乎是以要哭出來的難看姿態借來照片。新聞記者，不是一個可以高高在上的行業。

新人在這過程中，逐漸了解到記者業界司空見慣的粗鄙現實。

在佐世保事件中，包括每日新聞在內的各家媒體，都在瘋狂找尋怜美的照片。由於受害者家屬是每日新聞的員工，所以公司也收到外界請求提供照片。正因為有這樣的背景，御手洗先生才會在事件當天的記者會上，將照片分發給各家媒體。

作為受害者的遺屬，御手洗先生自然會抗拒公開女兒的照片。然而，御手洗先生自己也在業界，過去也做過許多類似的事情。正如在事件當天召開記者會，他也無法拒絕提供照片。即便如此，怜美的臉孔連日出現在報紙和電視上，實際姓名也被公開，他的內心還是受到極大的衝擊。這份手記流露出愁苦的兩難心境。

這篇手記公開以後，愈來愈少媒體刊登怜美的照片和真實姓名。

八尋律師還透露，他們收到了女孩父母的道歉信，但律師也總結道：「御手洗先生目前的情緒狀態，還無法閱讀這封信。」

摸索的大人們

事件發生後過了兩週，六月十四日，長崎家事法院佐世保分院的小松法官、上田和進藤兩位陪席法官，祕密地從佐世保集合到長崎市的少年觀護所。

一般來說，刑事審判會在所屬的法院開庭，理所當然，少年審判也應該在法院進行，所以女孩的審判應該要在佐世保市的家事法院進行。但這次的案件，有一些不確定因素。因為女孩所在的長崎市觀護所到佐世保有九十公里之遠，加上媒體高度關注，讓人擔心在移送途中會出問題。

因此，家事法院選擇了「出差審判」的方式。雖然不廣為人知，但觀護所在例外的情況下設有審判庭。為了避免發生問題，家事法院決定，特地出差至長崎市召開庭審。原本少年法就規定審判不公開，但即使如此，把女孩像籠中鳥般看管著，更令人安心。

關於這一天的審判，家事法院並未在事前透露日期、地點或時間。媒體得知時，審判早已結束，我們完全被蒙在鼓裡。

根據相關人士的說法，參與庭審的有家事法院佐世保分部的三位法官、擔任輔佐律師的迫、川添、山元三人、調查官、書記官、女孩的父母，以及女孩本人。女孩站在房間中央，她的左側是輔佐人和父母，右側則是調查官等人。

審判於下午三點開庭，女孩穿著紫羅蘭色的襯衫和暗紅色的運動服。首先是人別訊問，確認女孩的姓名及出生年月日，接著說明緘默權以及交付審判的犯罪事實，再到是否承認罪行……三位法官按部就班進行既定程序。

女孩雖然面色緊張，但很乾脆地承認了犯罪事實。事件發生後不久，輔佐人詢問她關於案件的情況，她也曾經流淚，但在這一天，她並未表現出任何失態。

在完成形式上的流程後，這天的庭審並未進入具體的審理，而是按照「劇本」決定進行精神鑑定，隨後便宣告閉庭。到結束為止，僅花了短短三十五分鐘。

審判結束後，輔佐人在長崎市舉行記者會，媒體這才得知舉辦過庭審。

「女孩理解審判的意義嗎？她知道決定她處分的程序已經開始了嗎？」

一位因突來的審判而急躁的年輕記者提出了這個問題。

「我想她能理解到這個程度，我們也已經詳細向她說明過了。」

川添志律師回答道。

記者再次追問，重要的精神鑑定是否可行，他表示：

「『精神鑑定』這個詞似乎被過度解讀了，說是『心理鑑定』可能更為恰當。與其說我們沒有其他手段，不如說我們認為應該要進行鑑定。」

律師還補充說，鑑定已得到女孩父母的同意。此外，他也提到：

「這不是刑事審判中用來判定責任能力的精神鑑定，而是希望從各個角度鑑定女孩的背景，了解她走上犯罪道路的原因。」

律師也說，這是家事法院的要求。

家事法院裁定的鑑定留置期間是到八月十四日，總計六十一天。法院暫時擺脫了困境，本來只剩兩週就必須決定女孩處分的緊迫安排，現在多了兩個月的緩衝期。鑑定將持續到盛夏。

儘管如此，女孩在學校中也並非特殊的問題兒童，對她進行鑑定，是否能得出令人信服的結論?「普通的孩子」做出不普通的案件，鑑定是否能夠填補其中的巨大落差？若對女孩內心的關注方式出錯，可能會導致極大的誤解與不正確的結論。我雖然抱有巨大的疑問，但也懷有微弱的期待。畢竟，不試著揭曉答案，就什麼都不會知道。

受害者家屬的代理人八尋律師，則旁觀鑑定討論的白熱化。他用比我們冷靜的眼光看待這起事件，他舉了神戶的酒鬼薔薇聖斗事件[8]，以及去年（二〇〇三）的長崎男孩誘拐殺害事件[9]為例，指出這次事件的特徵。

「神戶事件和長崎事件，兩者都是典型的犯罪，有逃跑或掩蓋罪行的意圖。可是，佐世保的案件發生在大白天的學校裡，而且在犯案後，兇手還回到了教室。她殺了人，但還是回到了教室。」正如八尋律師所說，這點加劇了整起事件的撲朔迷離。

「媒體報導說這是有計畫的行為，但實際情況到底如何？殺意的性質可能有所不同。以媒體報導的脈絡會說，少年案件先是發生在神戶，然後是長崎，這次輪到佐世保了，但這樣的說法只會陷入困境。」

確實，即便同樣被稱為重大少年案件，每起案件的內情都略有不同。佐世保事件並非無差別攻擊，而是以特定的女孩怜美為殺害目標。若簡單以精神異常或變態殺人解釋，似乎並不貼切。根據每日新聞對全國小學六年級班導師所做的問卷調查，遠超半數的教師表示：「自己的班級也可能發生類似的事件。」這起案件中有些因素，使得它無法被簡單視為特殊個案。

八尋律師在精神醫學領域也有相當的造詣。對於法院決定進行精神鑑定，他梳理兒童精神醫療的歷史時，一邊皺起了眉頭。

「首先，你知道在兒童精神醫療中，有多少臨床案例嗎？日本一直以來都在隔離那些精神病患童。不是進行更生，而是隔離。當然，我不是說鑑定毫無意義。但當我們的經驗只有隔離而非更生，精神鑑定能為更生提供幫助嗎？」

考慮到精神鑑定本身的意義，是否能達成更生的目的？不得不說，結果相當不明朗。由於小學生殺人事件的前例極為稀少，根據法務省的資料，對小學生進行精神鑑定的案例僅有少數幾件。

「你聽說過《蒼蠅王》嗎？」

八尋律師突兀地提起了意想不到的話題。

「那是諾貝爾文學獎得主威廉．高汀的小說，它是古典小說《十五少年漂流記》的反諷作品。漂流的少年們沒有互相幫助活下去，相反地，孩子們彼此殘殺。

8 酒鬼薔薇聖斗事件，一九九七年發生於神戶的連續殺人案，造成兩人死亡、三人重傷，被殺害者皆為國小生。由於兇手年僅十四歲，犯案過程血腥殘忍，包括分屍、破壞屍體、寄送挑戰書等，衝擊整個日本社會。

9 長崎男孩誘拐殺害事件，發生於二〇〇三年七月，年僅十二歲的初一少年，將一名四歲男童誘騙至停車場頂樓施暴，最終將男童從高處推下致死。

我接手這起案件時，就想起了這本小說。我想，這名女孩可能覺得自己身處戰場中。在事件報導中，有學校老師說他想推薦《十五少年漂流記》。我不禁覺得，學校老師的價值觀依然如此守舊。」

八尋律師語帶情緒說道。

「清白、正直、美好，試圖教導這些觀念才是問題所在。如今能對孩子們說的話，就是告訴他們無所事事也沒關係，慢慢來也可以。」

十二歲的遺骸

事件發生過了兩個星期。在這以前，我每天的日常工作是寫稿，由御手洗先生批改，我們每天面對面工作到幾乎厭煩的地步。然而，自那一天起，我和御手洗先生就置身在完全不同的生活。在分局得知怜美的死訊後，我們就再也沒有見過面。

御手洗先生應該和他還在念中學的次子，共同住在分局的三樓，我卻完全聽不到任何從三樓傳來的聲音。我也沒有勇氣爬上樓見他。

另一方面，二樓的辦公室裡依舊擠滿支援的記者，他們持續在進行案件的採訪。在這擁擠的分局裡，每個人都竭盡全力想從連日的採訪中寫出獨家新聞，每天都過著和其他報社你追我趕的生活，爲輸贏焦慮。

受害者家屬是公司內部的同事，但在這裡的每個人，也都是新聞記者。從殺害手法到女孩的部落格內容……隨著每天的早報和晚報，不斷有更多的後續報導詳細披露案件。辦公室變成了怒吼聲交織的戰場，御手洗先生同樣身為記者，更能察覺到這樣的氛圍，所以不會出現在這裡。

不知不覺，我也完全成為了採訪團隊的核心人物。事件的齒輪嘎吱作響轉動著，我雖然是小角色，卻是嵌在重要部位的螺絲釘。

無論白天或黑夜，我到處拜訪事件的相關人員，如級任老師、兒童諮商所、警察，傾聽他們的說法。我開著買來的二手豐田Starlet，在街道上來回奔波，夜訪結束後才回到分局，開始寫稿，但面對這樣的大事件，我沒有經驗，也找不到寫作的手感。

我將採訪筆記般粗糙的草稿，交給現場負責人三森先生，讓他幫忙完成最終稿。趕在截稿時間交出時，都已是筋疲力盡的深夜。三森先生在總公司也擔任警察組的負責人，所以這類文章對他來說駕輕就熟。對我來說，他既是我剛入行時指導我的前輩，也和御手洗先生很熟，所以稿件交給他我很放心。就這樣，我自己在那段時間累到不行，每天被清晨採訪的鬧鐘驚醒，實際上我連翻開報紙，確認報導內容的餘力都沒有，後輩倉岡甚至因爲過勞而倒下。

儘管日子一再被案件淹沒，即使我不斷訪問相關人員，無數次觀看新聞報導，我卻始終無法真切感受到，直屬上司御手洗先生的女兒已經離世。我在稿件中，已不知打了多少遍「已故的御手洗怜美」，但這些字眼怎麼也無法與不久前還一起吃晚餐的怜美重疊起來。我每天削減睡眠時間，體力達到疲勞的極限，整個人就像踩在雲端，輕飄飄，感官也一直是麻痺的狀態。

即便如此，有時我會突然以一個人的身分，而非記者的身分，想起御手洗先生。

最觸動我的記憶，是御手洗先生和怜美兩個人手牽著手，一起在分局附近河邊散步的畫面，那時怜美應該剛升上六年級，我偶然從分局的窗戶看到這副光景。即使成為了小學高年級生，怜美依然牽著父親的手。她是一個怕寂寞，喜歡撒嬌的孩子。

身高超過一八〇公分的御手洗先生，握著嬌小的怜美柔軟的手，溫柔的羈絆連結著他們兩個人。

我目不斜視地專注於工作，墮落成沒有人性的人——

這種想法好幾次都讓我的胸口陣陣刺痛，每當此時，我總會想要無意義地大聲喊叫。

可是，這事實確實無法辯解，我只能在愧疚感中低下頭來。

媒體和受害者生活在同一個屋簷下。事件發生的前一天，我們還是上司與部下的關係，短短兩週，這層關係就徹底破裂。

從分局到三樓的樓梯，僅僅十幾階。這樓梯，怜美每天背著紅色書包上上下下，而御手洗先生則在工作和私生活之間來回穿梭。

以六月一日那天為界，我和御手洗先生，因「被害者」與「採訪者」的鴻溝而割裂。

儘管如此，坦白說，我並不想見到御手洗先生，我無法面對他。這兩週裡，我覺得自己做了無法挽回的事情，我感到恐懼。

「小六女童被砍身亡」

「少女在四天前就有殺人計畫」

「傷口深達約十公分」

即便這是我的工作，但我寫的報導，不就是在傷害御手洗先生嗎？

我愈深入追查事件，不就是就在剜御手洗先生的傷口嗎？

更糟的是，在這樣的情況下，我還繼續工作著——

我愈是思考，心情就愈低落，感覺無比淒慘。

「喂，川名，過來一下。」

此時，我被前輩叫住了。

開口的是潟永秀一郎主編（一九八五年入社）。潟永先生在福岡總局工作，與御手洗先生曾是上司與部下的關係，兩個家庭關係親密，在事件發生後，潟永先生暫時停職，完全從採訪團隊中抽身，離開職場，專心照顧御手洗先生的生活起居。他接下來說出的話，讓我動搖。

「可以去給小怜上香嗎？」

被叫住的一共四個人，有我、倉岡、守田小姐，以及一年半前還在佐世保分局共事的三森先生。御手洗先生大概是體諒我們四個人緊繃的心情，才做出這個邀請。

在潟永先生的催促下，我們默默走上樓梯，大家都不知道該對御手洗先生說些什麼。

無人的房間，因強烈陽光照射而顯得悶熱，小小的風扇，在空無一人的榻榻米房裡呼呼作響。桌上還留著吃了一半的午餐，客廳裡散落待洗的衣物。室內遠離了二樓辦公室的喧囂，出奇靜謐。

窗戶外是一片藍天，幾朵積雨雲飄浮在空中，吵鬧的蟬鳴聲在遠處回響。不知不覺，梅雨季已經結束，初夏來臨。

三樓是三房兩廳的格局，御手洗先生似乎待在最裡面的房間，沒看到他。等待的過程中，我的內心滿是罪惡感與歉意，無法冷靜下來，我變得愈來愈頹喪。倉岡、守田小姐、三森先生，也都緘默不語。

壓抑的沉默瀰漫在空氣中。

「哦——」

我抬起頭，猝不及防，御手洗先生就站在我面前。

他穿著白色背心和短褲，脖子上掛著一條毛巾。久違地見到御手洗先生，他有些害羞笑了笑。雖然他勉強露出開朗的模樣，卻沒有繼續說話。那笑容就像被定格住一樣，緊接著，他的表情瞬間崩潰，眼淚大顆大顆順著面頰滑落。

「謝謝你們一直以來這麼疼愛怜美。」

御手洗先生哭著喘息，像個孩子般抽咽，不停重複這句話，我和倉岡都忍不住嗚咽。我想對他說點什麼，但我怕我一開口，只會說出一些極為陳腐的話語。

「對不起，我什麼都做不了，真的對不起。」

三森先生眼眶紅腫，用大阪腔不斷道歉。

我第一次看到，我所仰慕的上司，平日裡對我這個後輩記者總是嚴肅指導的人，完全卸下身為大人的一切防備，嚎啕大哭。

他引領我們進入起居室，那裡安放著一座佛壇，祭壇上整齊擺放燭台和香爐，牌位旁有漂亮的花，與一個男性的居所毫不相稱，還有一張讓人覺得一定搞錯了什麼的照片，那是怜美的笑臉。雖然是遺照，但似乎正注視著我，對我微笑。

怜美的骨灰安置在遺照前。

那是一個非常小的骨灰罈。

一個年僅十二歲的女孩，為什麼非得變成骨灰不可呢？

連我自己都不可置信，我拿著線香的手抖得厲害，點不著火。

我再也看不到怜美了。

我馬不停蹄採訪，每天寫稿和閱讀案件報導，但總感覺現實像謊言一樣。

在遺骨面前，我內心深處封閉已久，不願被任何人觸碰的悲痛，脆弱而柔軟，急速地洶湧而出，徹底爆發。我的鼻涕和眼淚撲簌簌滴在榻榻米上。案發已過了十幾天，上香時，我才終於接受了怜美的死亡。

動機

十年後的自己

「十年後的自己將會是二十歲，會有成年禮，我想試著穿和服……不過說到成年禮，在新聞看到的時候，好像很長，不知道穿和服能不能撐得住，有點擔心。總之，希望自己能成為一個出色的大人，作為一個女性，不會感到害羞。」（加害女孩在四年級時寫的作文集）

女孩用混雜著平假名、大小不一的字跡，寫下這段充滿小學生氣息的未來展望。質樸的文字旁邊，還附上了她笑容滿面的自畫像。這篇文章寫於案件發生的兩年前，當時的女孩對於自己能在成人禮那天，站在重要舞台上深信不疑。誰能想到，這個孩子後來會成為驚世案件的主謀。想到十歲女孩所描繪的那幅簡單的自畫像，與十一歲惡行之間的落差，我不禁被一股無處可去的情感吞噬。

我手邊還有一份複印本，是她在五年級時寫的作文集。從文字中傳遞出來的開朗，與四年級時幾乎沒有變化。她的興趣是電腦，喜歡的藝人是平原綾香，未來的夢想是成為小說家，與其他女童的個人檔案沒有太大差別。

不過，在六年級某日的部落格文章中，雖說是老師看不到的私人書寫，但樸實氛圍發生了劇變。

討厭的班級

說真的，我所在的班級真的很煩。有滿腦子色情，然後把鼻血滴到飯上的人、有粗俗的愚民、有不懂禮貌的傢伙，還有找我吵架，我接受後卻和我說「抱歉」的孬種。再加上傲慢自以為是的肥婆、裝無辜的女生、不懂裝懂的男生，雖然有少數是好人，但大多數人都髒到不行，會感覺他們是在說夢話嗎？把臉洗乾淨吧。

即使不爽，也不要向我抱怨。

青春期前的年齡階段也被稱為「黨群期」，孩子會故意使用粗魯的言語，這並不罕見。然而，這篇部落格文章，相較於之前的女孩，顯得異常偏激且充滿敵意。從中可以看出，女孩與班上同學合不來，出現孤立的姿態。無論是對男生、還是對女生，甚至是對朋友，只要不如她意，女孩就會毫不保留口出惡言。

事件發生的前兩週，六年級的男性班導，在放學後的教室裡看到過女孩。那時她正在等回家的公車，在空無一人的教室裡，女孩獨自坐在自己的座位上。

「怎麼了嗎？」

「沒什麼。」

班導詢問道，而女孩露出微笑，老師也就沒再過多留意。

這所學校，全校的學生人數不到兩百人，女孩是少數幾個搭公車上學的學生之一。開往弓張岳山頂的公車是虧損路線，所以每小時只有一班。如果錯過了公車，就會招來父親的責備，因此她在放學後無法像城裡的孩子一樣自由玩耍。她甚至放棄了六、日快樂的籃球活動，度過「無聊到嘆氣」的假期。一到下課，女孩與朋友共享的時光少得驚人，班上同學的歡笑聲離她愈來愈遠。升上六年級後，她與同學之間的關係也逐漸淡化。

即便如此，女孩和朋友之間維繫友誼的鉸鏈仍然存在。儘管住家距離遙遠，無法共享同樣的時光，依然能讓她感受到彼此間的連結。

那就是交換日記。

事實上，作為解開案件謎題的另一把鑰匙，交換日記蘊含的意義不可忽視。

雖說這些孩子逐漸長大，但對小學高年級生來說，擁有手機仍言之過早。因此，女孩在離開籃球社後，透過「日記」這個媒介，才得以維持與同學之間的聯繫。

和她擅長的電腦相比，交換日記顯然是傳統的交流工具。但是，追尋事件的軌跡時，不難發現日記在女孩心中占有很重的分量。

一本筆記本會在幾個親密的同學之間按順序傳遞，這就是交換日記。雖然是日記，但它的前提是要給朋友看的，因此更像是書信交流，這種旨趣是交換日記的特徵。日記內容涵蓋了學校或私生活中的瑣事，像是好友間才會分享的祕密、在老師或父母面前不能說的他人的壞話，或是對男同學的懵懂相思。在日記的封閉空間中，大家會產生獨特的一體感，所以對女孩來說是特別的事物。在女孩們所處的班級，交換日記也從五年級開始變得非常流行。

到了六年級，是性意識萌芽的年紀，但鄉下的小孩還沒有成熟到出現男女一對一的交換日記。這些日記全部都是在女生之間傳遞，五年級時，班上的二十名女生幾乎都參與其中，有的日記甚至在十一人的大家族中流轉。

然而，小學高年級這個階段，身心逐漸成長，孩子進入了也被稱為狂飆期的青春期。天真純樸的時代在不知不覺間消逝，自我意識開始萌芽。

女孩子的變化尤為劇烈。一些人開始對男性產生濃厚的興趣，一些人則沉迷於動畫，興趣分化並變得複雜起來。孩子間的同伴關係，也從大團體細分成小圈子。過去的時期是只要換個座位，就能和鄰座的同學變成好友，現在則是根據興趣交朋友。五年級時，交換日記是公開的，很多人參與；但到了六年級，交換日記變成是特定夥伴間的祕密交流活動。

就我所知，加害女孩和怜美一起進行的交換日記共有四本。這四本日記同時進行，每本日記的成員略有不同。此外，參與的孩子不是固定的，是流動的。

這種交友關係就像是綳緊的鐵絲，雖然堅固，但也帶有脆弱的部分。

「那個班的女孩，其中一部分是因為籃球而相交，如果退出籃球社，話題就會變得不一樣，也可能會被日記的夥伴疏遠，如此一來，也會對友情產生懷疑吧。」

曾在大久保小學負責高年級的教師說道。

這四本交換日記不僅僅是普通的日誌，它們內容豐富，有插圖、參與者共同創作的小說和猜謎遊戲等等。

可能是這些女孩的年紀使然，日記中什麼都寫，話題涵蓋了時尚、異性、電視劇，乃至於老師的壞話，她們直白且熱烈地說著有些早熟的女性話題。

封面繪有女孩特有的可愛插圖，顯得天真無邪；反之，一翻開內頁，裡面充斥粗俗的語言和讓大人皺眉的內容。是否可以簡單一概而論，說這些都是交換日記？我身為門外漢沒有把握。但總之，這些日記在某方面與加害女孩寫的部落格有共通之處。

每本交換日記都有一個暱稱。

第一本交換日記被稱為「文件夾」，成員有三人，加害女孩、怜美和另外一位同學。這本日記的主要話題是之前提過的《大逃殺》，雖然聽起來有些危險，但實際上，內容大多是對《大逃殺》這部電影的評論，以及交流參演女演員栗山千明的種種消息，整體內容簡潔樸素，反而沒看到涉及彼此隱私的部分。

第二本交換日記（暱稱不明），參加成員為一個大團體，多達十幾個人。與其說這是日記，不如說像連載小說。事先僅安排好主角的人設，然後參與者依序接續故事，根據衍生出來的故事脈絡創作內容，有點像角色扮演遊戲，活潑而無害。

第三本日記被稱為「瑪可蕾」，裡面充滿了大量的插圖。這本日記由加害女孩、怜美及其他三人，共五人共同創作，內容幾乎都以繪圖為主，大家畫的是奇幻小說女主角的服裝和裝備等配件。加害女孩在她的作文集中寫過，將來的夢想是成為小說家，而怜美也喜愛動畫，所以明亮且生動的插圖躍然紙上。

這三本交換日記的內容稚氣未脫，保留了五年級的天真，沒有任何陰暗潮濕的氣息。雖然也有以《大逃殺》為主題的討論，但溫馨的孩子氣沒有消失，並沒有朝情色或血腥的激進方向發展。

雖然是題外話，但「瑪可蕾」以及奇幻小說的部分影本，曾四處流傳，被大肆刊載在週刊雜誌和登上綜藝節目。在綜藝節目中，知名的學者利用這些片面的資訊，高聲評斷女孩的性格或異常性。

例如，在「瑪可蕾」中，女孩畫了一張只有髮型的圖。

「這孩子的畫裡沒有臉，這意味著她的人格尚未成形。」

「只畫髮型，光這點就和普通的孩子不一樣了。」

一位精神科醫生一副無所不知的樣子，對女孩只畫身體部位一事下評論。

每當聽到這樣的高談闊論，我都感到無力。

在「瑪可蕾」中，這本來就是一種規則。

女孩們會把她們喜歡的衣服、鞋子、臉的部位抓出來繪製，這樣就能創造出無限組合，這只是單純的拼貼遊戲。就像加害女孩只畫了髮型，其他女孩們同樣也畫了自己想出的獨創髮型，互相展示並玩在一起。

很遺憾，僅拿到一張影本，根本無法理解「瑪可蕾」原本的概念。這些自稱是專家或精神分析家的老師，只憑片面訊息就妄加揣測，脫離事件的本質，甚至做出誤判。

不過，我並非想刁難這些分析都不中肯，因為我也不是不能理解他們的心情。

在大多數的案件中，媒體的消息來源是警察或檢察官等調查機關，而且既然已經鎖定了嫌疑人，不可否認，訊息會偏向官方說法。不過，讀者至少可以藉此了解調查當局對事件的看法。只要媒體能從可靠的管道拿到情報，誤報案件的風險就會大幅度降低。

這次卻不同，因為加害者是未滿十四歲的觸法少年，媒體能從警方或檢察官獲得的消息，從一開始就被封鎖。

傳統的消息來源派不上用場，家事法院和少年觀護所，在保密這塊更是銅牆鐵壁。

既無法期待內部情報，更別說要捕捉女孩的原話了。在媒體一邊哀嚎，又必須拼湊新聞或報導，所以加害女孩所畫的插圖和文章便成了珍貴的線索，更準確說，這是唯一的素材。「瑪可蕾」影本就是典型的例子。

不僅如此，在佐世保事件中，即使整合從周邊採訪中獲得的零星訊息，也無法勾勒出完整的圖像，最終導致各家媒體不得不武斷分析案件。由於缺乏可靠的後盾，每次報導都如履薄冰。無論是週刊雜誌、電視，還是報紙，都處於迷茫的狀態。

回到交換日記的話題。

對於家事法院和縣警而言，「瑪可蕾」是由於別的原因，而成為令人關注的一本日記。他們注意到的是女孩的一句話：

「別抄襲，我知道是誰做的。」

女孩嚴厲要求朋友，不要抄襲她設計的髮型和服飾等配件插圖。但即便客套地說，女孩所畫的「作品」集，也談不上什麼原創性。從大人的角度來看，女孩只是大量畫著與其他孩子相似的插畫，在談論盜圖以前，這些畫就已經大同小異了。但女孩對於別人模仿引用自己的作品，表現出近乎神經質的執著。

在這三本交換日記的背後，還有一本未曝光的日記。

相關人員將其視為動機的核心，這也是他們最關心的最後一本日記。筆記本的封面，用手寫體寫著「Rose Girl」。

打開一看，裡面的字跡和其他日記一樣，孩子氣、笨拙且有個人風格，這本日記由五人傳閱，包含加害女孩和怜美在內。

與十數人合寫的奇幻小說、用少女幻想裝飾的「瑪可蕾」相比，這本「Rose Girl」乍看平淡無奇，因為它的主題是她們學校的日常生活。

像是學校裡發生的小事和突發情況、延續在教室裡沒聊夠的話題、對班上男生的品頭論足。這些內容雖然平凡，但真實記錄了她們的日常生活，讓這本日記顯得格外生動。女孩們自由表達內心想法，插圖和文字充滿活力。日記中交織著真心和玩笑，洋溢著青春氣息，也流露出青春期少女之間的濃厚感情。

她們每個人都毫不隱藏，直率地坦白心情，而同伴們也誠實給予回應，這是五個女孩間的私密對話。那模樣，彷彿是還對異性懵懂的女孩們彼此間的戀愛。即使住得遠，無法一起玩耍，加害女孩在這本交換日記中，仍與朋友們在一起。

五月初旬，「Rose Girl」卻出現了微小的裂痕，此時正是加害女孩在黃金週假期，於部落格上吐露寂寞，寫下「今天無聊到嘆氣」的不久之後。

這個小口角，圍繞著一個表達方式。

交換日記的形式是，寫完自己部分，再將筆記本傳給下一個夥伴。在「Rose Girl」中規定，日記要傳給下一個人時，前一個人要在日記的末尾寫下「下一個是御手子（怜美的暱稱）」、「下一個是廣子♡（化名）」等字樣，明確表示交接。而且，大家還會用可愛的裝飾設計「下一個是○○」的字體，比方用花朵圖案圍繞文字，或用彩色原子筆繪製出反白字體，每個人都下足功夫，直到最後的一字一句都飽含親密感。筆跡看起來快樂到像在飛翔跳躍，但這模樣太過天真無邪，甚至讓人感到一絲危險。

從五月開始，加害女孩將「下一個是」的固定表達方式，改成了自己的原創風格。

她開始寫英文：

「NEXT 御手子！」

或許對小學生來說，這種裝模作樣的寫法顯得有些新鮮，在孩子們看來，也是適當的裝酷方式，所以原本用「下一個是」寫法的其他孩子，也紛紛開始使用「NEXT」。

大家都很興奮，自然不會只平凡地寫個「NEXT」就了事，有人試著用哥德體，有人加上描邊……變化愈來愈多，在「Rose Girl」內部引發了短暫的流行。

但是，這場風潮觸怒了加害女孩。她用大大的粗體字，占了筆記本好幾行，寫下「禁止使用NEXT，不要抄襲」，以激烈的口吻譴責夥伴。這通知帶著一點居高臨下的目光。

加害女孩在班級中領先同學懂得電腦，並沉迷於神祕學與恐怖題材，女孩在小學生中顯得較為成熟。她想到要用英語表達時，一定是非常得意的。

但這卻輕易被模仿了。從設計上看，甚至有比女孩想出的「原創」更精緻的「NEXT」字體。女孩的鬱悶，轉化爲憤怒。

在開玩笑與真心話之間，青春期的少女之間，總有一套心照不宣的規則。她們在這條危險的邊界上遊戲，但加害女孩一個人回到現實並真的生氣了。其他成員被她的盛怒嚇到，立刻在交換日記中道歉，並停止使用「NEXT」的表達方式。加害女孩單方面宣布「禁止使用」後，「NEXT」一詞就漸漸在日記中消失。

儘管如此，大家對女孩的心結並沒有解開。女孩擅自創造出戰場，其他孩子則被迫舉白旗投降，她們之間的關係開始變得生硬，甚至有人開始說自己感到不舒服。

與生氣的女孩保持距離的同伴中，怜美往前踏出了一步。

怜美在日記中這樣問女孩。

「NEXT不是大家都能用的表達方式嗎？這又不是顏文字，是英文，所以不能算是抄襲吧。既然大家都在使用，就是合理的吧？」

怜美的說法無懈可擊，所以女孩找不到話回應。然而，悲劇的是，正因爲無法反駁，女孩的情緒被點燃了。

在黃金週過後，這場幼稚的爭論波及至其他日記夥伴。直到五月底，事件發生前，這場爭執如同餘燼般暗暗積蓄熱度。曾經親密無間的關係，如今成為仇敵，關係出現裂痕，難以簡單修復。

不過，為什麼女孩如此強烈拒絕「模仿」呢？在後來的家事法院審判中，這個疑問也成為焦點。

女孩的反擊蔓延至意想不到的方向，她將戰場轉移到自己能掌握主導權的網路世界。五年級起，女孩便開始接觸電腦，她的電腦知識在班上尤為突出。此外，她與還是新手的怜美，在網路世界是師徒關係。

她們兩人一起玩的入口網站叫「Cafesta」。

五月底，加害女孩私自入侵怜美的Cafesta網頁，修改了她的部落格內容，她甚至將怜美的虛擬角色形象，從女孩子的臉改成了南瓜頭——她開始對怜美的個人網頁進行精心策畫的惡作劇。

虛擬形象是在網路中建立的另一個人格，對於熱中網路的孩子，虛擬形象就如同他們的分身。在不知情的情況下，自己的網頁被別人肆意踐踏，任何孩子都無法保持冷靜。兩人的關係因此變得更糟。

不過，有一個疑問浮現出來：無論加害女孩再怎麼懂電腦，為什麼她能夠潛入怜美的網站？

答案單純到沒意思。事實上，兩人會互相告知彼此網頁的管理密碼。對於日常會處理銀行帳戶、電子郵件等個人資訊的成年人，不將密碼告訴他人是常識。然而，這常識僅僅存在於社會經驗豐富的成人世界中。聰明且理解力強的怜美和精通網路的女孩之間，連密碼都能共享。

但即使兩人之間再怎麼隨便，這仍顯得過於草率。兩人都尚未建立起真正意義上的自我界線，她們還沒有形成懷疑他人的基本概念。儘管看似成熟，但兩人都還只是年幼的孩子。這次的密碼交換，成為走向悲劇的連鎖事件開端。

案發前的五月二十九日，怜美在她的部落格中寫道：

「遇到網路攻擊了。大概也知道是誰在搞鬼。心裡有數的話就現身吧。不過也無所謂。對於這種網路攻擊，大家也給點意見吧。」

網路上的惡作劇或破壞行為，通常是匿名的，因此很難知道是誰所為。但在這次的情況下，是誰幹的怜美心知肚明。

從部落格中可以看出，怜美已經擺脫了她與女孩之間的師徒關係。

怜美在學校裡鋒頭很健，朋友也很多。而身為一個「文靜的孩子」，不太顯眼的女孩，在網路世界裡卻超越怜美，女孩會作何感想？

另一方面，怜美在這段時間裡，也表露出她內心的孤寂。

「三年前來到佐世保，但我覺得以前比較好。最近有很多讓我無法舒坦說出口的事。」

這場爭執，可能讓她一度想逃回曾經住過的長崎。但女孩沒有停止攻擊，她持續入侵怜美的網站，最後甚至將怜美的網頁初始化，徹底從網路上抹去怜美的存在。

五月三十日，當天是運動會，但怜美的部落格又被攻擊。

「呿，又來了。為什麼我的虛擬形象不見，網站也被重置了。肯定又是那個人搞的鬼吧。」

怜美內心亂糟糟的。那天晚上，她寫了一封信給她在長崎時的朋友，信中寫著她內心的憂愁。後來得知這封信的御手洗先生，為自己當時沒能理解女兒的心情而感到無比心痛。外表開朗的怜美，背後隱藏孤獨。自從轉學到佐世保，怜美一直是班級的中心人物，但她的內心潛藏不讓周圍人察覺的敏感纖細。如果女孩能對怜美的感情多一點共鳴——

然而，女孩並未對怜美的心情產生共鳴，她的憤怒滿溢爆發，犯下案件。在被警方拘捕後，女孩供述道：「事發前幾天，我想過『讓她從這個世界消失』。」這場爭執的起因，是由一連串的小事積累而成。

一名調查相關人員在我面前深深嘆息。

「這不過是常見的小孩吵架，沒有到反常的程度。即便如此，對手不屈服於自己的報復，那個孩子就更憎恨對方，最終在精神上將自己逼到了絕境——」

我為了探究事件的核心，進行了交換日記的採訪，但最終只是重複一種空虛的感受。

為什麼，以這麼幼稚的紛爭爲開端，竟讓怜美死於非命，也暴力傷害了御手洗先生和他的家人，甚至我們。為什麼僅僅是小孩子吵架，我們卻失去了再努力也無法挽回的重要事物，身為年長的成人，卻無計可施。

不合理的故事有時會發生，這或許就是我們生活的社會，最赤裸的樣貌。

誤譯

只是，儘管如此，我思考，這些被揭露的事實，真的可以稱作「動機」嗎？

我深知面對觸法少年，警方要介入極其困難，更何況是年幼女孩的殺人案件。搜查一課在日常處理的盡是成人案件，且犯嫌大多數為男性，這種案件超出了他們的經驗法則。

在無法依賴過往知識的情形下，此案是一個全新的挑戰。

孩子或許比我們想像的，更能建構出自己的內在世界，並隨心所欲進入非日常空間，這也是屬於孩子的創造性。孩子在幻想與現實間自由穿梭，大人用既有的語言翻譯這種狀態時，會過度強調整理過的起承轉合，致使無法用言語表達的核心悄悄溜走。

但許多警官不理解青春期少女特有的細膩心思。孩子們的爭執與殺人行為之間，其實仍有無法逾越的高牆。可是我仍遇到不少口若懸河的調查員，輕易就將網路與交換日記糾紛視為「動機」，彷彿女孩的行為有道理可循。

作為熟稔被害者的人，我多次對這種「簡化」感到疑惑。但我也認為，責怪他們沒有深挖案件是搞錯方向。對刑事調查的專家而言，收集像是嫌疑人的供述筆錄等證據，才是主要的任務。他們的調查無法深入孩子的心理細節，期待他們做到這一點不切實際。

倒不如說，解讀加害女孩的內心，是兒童諮商所或家事法院的工作，讓女孩更生是他們的任務。可是，他們以保護隱私和避免妨礙女孩更生為由，拒絕透露太多資訊，無論媒體報導了什麼，外界的噪音他們毫不在意。在這種情況下，不了解案件細節的專家在媒體上大放厥詞的情況比比皆是。

媒體遵循少年案件的經典研究，常使用一個簡單易懂的構圖：被害者＝強者、加害者＝弱者，就像常見的「窮鼠嚙貓」模式。電視綜藝節目和週刊雜誌裡，也都只聽得到這種老套的分析聲音。

在這起事件中，根本不存在強者。在某種意義上，每個人都是天真無助的弱者。我愈是深入採訪，心中的違和感就愈強烈。

人類的心理不像解幾何題可以簡單整理。但由於線索太少，許多人直接跳過「無法理解」的部分，用最短的距離將他們得到的點與點連接起來，便宜行事。但我知道輕率推演結論有其危險。

在了解這些背景後，我希望重新繫起被割裂的繩結，仔細傾聽在事件發生前，未能傳達到大人耳中的少女們的聲音。

有空嗎？

那天，學校裡的交換日記問題仍在持續發酵。

第二節課的休息時間，怜美在教室裡，將紙條交給了一位「Rose Girl」成員。這張紙條像是從筆記本上撕下來的，怜美在上面坦白吐露了她被捲入糾紛的心情。

「已經累了，老實說我想自由。我遲早會放棄小說和瑪可蕾，因為課業愈來愈重。」

加害女孩也參與的交換日記「Rose Girl」，已有幾名成員退出。恐怕與加害女孩極端固執的言行有關，讓其他成員感到厭倦和膽怯。怜美的「累了」一詞，也讓人窺見她內心的想法。即使怜美和女孩產生摩擦，但怜美不是唯一一位想要逃離女孩壓力的人。

怜美的這張便條，在上午也透過朋友傳到了加害女孩手中。加害女孩獨自坐在教室的桌子旁，不知道心裡想些什麼，她只對朋友甩出一句：「那乾脆全部都放棄算了。」

接著，來到第四節國語課的時間。

其他孩子在思索畢業文集草稿時，女孩一個人的導火線已被點燃。她寫的作文題目是〈人的心理〉，在文章裡，她寫下「就算殺了你，還是殺不夠」的句子，她不斷寫下「殺」字。不過，對於埋頭在稿紙上振筆疾書的女孩，班導師並沒有察覺到異常。

「就算殺了你，還是殺不夠」的說法，是女孩引用自她癡迷的恐怖小說《聲音》（角川恐怖文庫／吉村達也著）裡的句子。

這篇草稿，或許是女孩殺意的投射。而那個「你」，是否指的是怜美呢？如今我已無法確定。女孩沉浸在自己的故事世界裡，無止境陷入其中，幻想與現實的邊界溶解，她朝著不應越過的界線狂奔而去。

下課鈴響起，女孩等到教室裡開始準備打飯，變得鬧烘烘的時候，她約了怜美去學習室。

「有空嗎？」

然後，事件就發生了。

她讓怜美坐在椅子上，從背後用美工刀割進怜美的脖子，重現了《大逃殺》的情節。無論女孩內心膨脹的幻想是多麼廉價的模仿，但一條生命就這樣輕易被奪走了。

消防隊員趕到時，怜美已經斷了氣。怜美倒在地上，但她的眼鏡卻不知為何放在桌上。事發後，女孩對自己犯下的行為缺乏現實感，甚至有些冷漠。她還踢了怜美確認是否死透。

女孩被帶往佐世保警署後，教室裡孤零零地剩下她的課本和紅色書包。其後打開書包的班導大受衝擊，因為他在裡面找到一本被寫得很舊的筆記本。裡頭寫的東西和女孩刊登在部落格上的一樣，是自製版的《大逃殺》。女孩手繪了島嶼地圖作為舞台，登場人數與班級人數相同，都是三十八人，她也極為詳盡地記錄了殺害每個人的方法。

直到這一天，教師們才意識到，女孩們生活在如此封閉的世界裡。

不哭的同學

話說回來，和樂的午餐時間風雲變色，硬是被捲入巨大漩渦的其他孩子，當時又如何呢？一位同班同學死去，動手的是另一名同學。孩子們依靠的老師也陷入了恐慌。雖然是暫時的，但這些孩子被拋棄在風暴的中心。

怜美與加害女孩的班級共有三十八人，因為是每個年級只有一個班的小學校，六年來都沒有換過班。由於學校位於鄉下，孩子之間的往來像有血緣關係般緊密。怜美四年級才轉學來，但加害女孩和其他孩子，自入學以來一直在一起。

午餐時間，孩子們看到身上染了噴濺血跡的加害女孩站在走廊上時，恐怕沒有人立刻察覺到發生了什麼。他們無法得知，女孩令人毛骨悚然的站姿和怜美的缺席究竟意味著什麼。

關於這件事，學校該如何以及何時向學生解釋呢？

諷刺的是，學校根本不需要思考這個問題。

沒想到孩子們在老師告知以前就知道了，因為六年級學生被帶去的安置教室，正是電腦教室。

一名學生在網路上看到〈小六同班同學刺殺身亡　佐世保〉的標題，孩子開始躁動，眼睛死死盯著螢幕，隨後他們陸續點開與案件相關的新聞。「別用網路了！」在場的老師制止孩子。雖然他們人在「現場」，卻是透過網路新聞得知事情的發展。

後來這些孩子在半信半疑的狀態下，接受了警方的自願調查，警察卻是在很久以後才取得家長的同意。

大約在下午六點，孩子們終於可以回家，家長卻目睹了不可思議的景象。

自家孩子開朗得詭異，臉上滿是笑容。

「幾乎所有的孩子都露出了笑容，我不記得有任何孩子哭。」一位在校園裡迎接女兒的母親回憶。

孩子們莫名地「呵呵呵」笑著，那種空洞的歡愉讓家長感到哆嗦。

但孩子們一回到家，模樣立刻變得奇怪起來。有的孩子開始大聲哭泣，接著突然大笑，在家長的驚訝中，馬上又變得沉默；有的孩子在家人都上床睡覺，夜深人靜時，突然激動地彈起鋼琴；還有的孩子跳起了花笠音頭舞[10]，這是運動會上的表演節目。

我諮詢工作上有在照顧孩童的臨床心理師，他表示由於事件發生得太突然，孩子們無法控制情緒，就會產生異常行為。這場事件的衝擊太大，年幼的心靈無法承受。

「到了事發的午餐時間，情緒就會變得不穩定。」

「可能是會聯想到血，所以有的孩子會不穿或不看紅色的衣服。」

在這之後，有許多身體不舒服的通報案例都與事件有關，教師也感到不安。陸續出現孩子說自己失眠或食欲不振，甚至無法踏進教室。即便案件已經過了許多天，情況也沒有好轉。

然而，一旦他們接受了怜美的死亡，沉重的現實立刻壓垮他們年幼的胸膛。

七月二十日，學校舉辦了怜美追思會，孩子們因悲痛而崩潰大哭。

「我們校外教學同一組，還約好要一起買史努比的鑰匙圈。」

10 源自日本山形縣的民俗舞蹈。

「雖然御手洗同學不在了，但我總覺得她還在我身邊，微笑著叫我的名字。」

「我夢見小怜，她是來看我的吧，我好高興。」

「我們經常吵架，但第二天早上還是能說『早安』。」

體育館裡充滿了女孩子的嗚咽聲。

想到加害女孩，孩子們的心情就更複雜。

「為什麼要因為她是孩子，就袒護犯人呢？」有位學生突然在教室裡站起來，使用「犯人」一詞激烈指責。

「不管她未來會怎樣，御手子（怜美的暱稱）都回不來了。」有的孩子憤怒地表示。

另一方面，儘管加害女孩殺害了同學，但她仍是曾經的朋友，許多孩子無法好好表達對女孩的感情。一位經常和加害女孩玩的女生，特意將女孩寫給她的信挑出來，與其他收藏在自家餅乾盒裡的同學來信分開。她將女孩的信藏到收納櫃的深處，避免被家人發現。

她得將那些信撕掉丟棄，但她做不到。她的母親如此解釋女兒的心情。

把怜美還給我

如果所謂幸福，是從明天也會獲得幸福的希望中誕生，對受害者家屬而言，幸福究竟是什麼？他們因他人犯罪而失去至親。直到昨天還鮮豔瑰麗的世界，在今天的一瞬間變得灰暗，眼前看到的景色也全然不同。這樣的裂痕太過深刻，以至受害者家屬受困其中，動彈不得。

遺屬要在哪裡找到那天起活下去的意義，要如何找到往前邁出一步的動力？

奪走怜美性命的，是她親近的朋友。最爲這衝擊事實感到動搖的人，是怜美的父親御手洗先生。如果是陌生的對象，對對方的憎恨還可能成為心靈的慰藉，但對御手洗先生來說，這名女孩並非陌生人。

御手洗先生曾多次見到女孩，他清晰記得，女孩曾到過分局長住所玩。因為家和工作地點在同一處，操心子女的御手洗先生，會在工作空檔爬上三樓，所以他也曾與女孩交談。正因如此，與其說他感到憤怒，不如說他的大腦一片混亂。

八月二十四日，少年審判的意見陳述開始了。這是身為受害者家屬，唯一一次能向法官傳達自己感受的機會。御手洗先生前往家事法院，中學生的哥哥也一同前往，但一直到意見陳述前，哥哥都戴著耳機，用iPod聽音樂。自從失去妹妹，沒有任何大人能觸及他的內心。

御手洗先生面對三名法官，直白表達了自己的複雜心情。加害女孩沒有出庭，代替她聆聽的是輔佐人。

自案件發生以來，我腦中一直有一個問題揮之不去：為什麼怜美必須被她殺害？為什麼我會執著於這個問題？因為我曾多次與她見面，我以為她和怜美是朋友，我舉幾個我有印象的例子。

第一個是在怜美四年級的時候，學校的綜合學習課程，怜美和她，以及其他幾個女生被分在同一組。由於她們要調查佐世保，我便開車帶她們去了弓張岳和烏帽子岳。在那時，初次見面她便不怕生地和我說話，我對她的印象是爽朗活潑，一位喜歡貓的女孩。

第二個是在去年秋天，當時怜美正猶豫是否要退出籃球社，她說自己一個人沒辦法提退社的事，所以我決定放學後陪她去學校申請退社。我們到學校，正在練習的孩子當中，她最先注意到怜美，她對怜美說：「小怜，妳來了啊！」（結果那天還是沒能提退社的事，後來我打電話聯繫了籃球社家長代表提出退社）。我永遠不會忘記她當時的笑容，以及看到這個笑容後怜美臉上的喜悅。

然後是今年，她來到家裡，和怜美一起玩電腦，具體的時間我已經想不起來了。當時她沒有坐在椅子上，而是跪坐在怜美旁邊，所以我拿了一把椅子給她，我對她靦腆的笑容還有印象。那天她應該是在下午四點多回家的（因為我當時在二樓的辦公室，四點多時曾上到三樓的住家一次，她已經不在了）。

除此之外，怜美經常會對我說她的事情。儘管我們接觸的次數不多，但我對她的印象不差。不過人心難測，這次的事件讓我痛切體會到這一點。正因為我把她當作怜美的朋友，受到的衝擊更劇烈。

怜美在餐桌上也會提到過女孩，大多是熱鬧開心的話題，所以御手洗先生從來沒有懷疑過怜美和女孩的友誼。

他持續陳述。

事發後，我看了交換日記、郵件以及警方的供詞，當中有許多我不知道的事情，這讓我感到困惑，但從我的角度看，內容都不算太嚴重。

遇到情感的錯誤或誤解，轉變為憎恨並不稀奇，也有人會產生「不如讓他消失好了」的想法，但要實際動手殺人，不是一件容易的事。我實在無法理解，兩人之間到底發生了什麼問題，讓她跨越了那條界線。

御手洗先生緊握著怜美喜愛的手鍊，向法官進一步陳述道。

少年法以更生為宗旨，我理智上理解，但做了「無法挽回之事」的人，真的能夠更生嗎？而且，對於受害者來說，讓他更生的意義何在？

如果對方是成年人，我會希望他「受到極刑」，即便是少年，若是素不相識，我也能坦率說出相同的話。但她是怜美的同學，或許她們之間有過嫌隙，但怜美直到最後都當她是朋友，從未想過自己會被「殺害」。如今我要把這情緒丟到她身上，這悲哀折磨著我。

在日常生活中，我們很難真正體會到「無法挽回」的含意，因為內心深處，我們總認為「都能重來」。我也是這麼認為的。但是，「無法挽回」這句話是真的。我從未想過，怜美會以這種形式從我面前消失。無論對方或其父母如何「道歉」或「彌補」，對我來說，這些話沒有任何意義。我只想對她和她的父母說：「把怜美還給我。」

最後，御手洗先生也表達了對之後程序的期望。

他希望法院能盡力解開為何女孩會殺害他女兒的謎團，並盡可能將判決內容告知遺屬。他也希望不管用什麼方法，都要讓女孩理解她罪行的嚴重性，就算審判結束，惟有這件事，不該畫上句號。

陳述至此結束。

抓住記者的工作不放

每天，被鬧鐘喚醒後，我就從床上跳起來，連臉都沒好好洗，頂著睡亂的頭髮，匆忙趕往採訪現場。即使夏天過去了，我依然過著這樣的日子。我完全沒意識到，自己的模樣根本無法見人。當異常狀況接連發生，奇怪的事情變成日常，不知不覺，我對扭曲也變得遲鈍。

自從事件發生，分局裡孩子的聲音消失了。我停下敲打鍵盤的手，與御手洗一家閒聊的片刻也突然停止了。那些使人心情愉悅的私人對話，都淹沒在支援記者熱烈討論的獨家新聞中。

怜美不在了，與怜美有血緣關係的哥哥，當然也不再現身，一直待在三樓。我偶爾在樓梯上與他擦身，看到他茫然的模樣，我也不知道該和他說什麼。

在祭拜完怜美後，我每天依舊過著相同的生活，或許是因為睡眠不足，我也變得暴躁不安。一旦離開工作，便無法控制情緒。

不分晝夜，有各式各樣的人打電話來分局，有打來惡作劇的、喝醉的、提出陰謀論「真兇另有其人」的……

「我的家人也被殺了。」有位受害者家屬在深夜打來電話。

「這次的事件真的非常令人遺憾。」

電話那頭是位語氣溫和的老先生，他不知道我正因為截稿期限焦頭爛額，慢條斯理地開始講述自己的經歷。

「我也成為遺屬後，真的非常驚訝，來採訪的新聞記者，很多都是跟我孫子一樣年輕的人。他們神色自若地問出殘忍的問題：『您現在的心情如何？』年輕人根本不懂我們的感受，所以呢……失禮了，請問你幾歲？」
「跟年紀大小有什麼關係！你又能理解我的心情嗎！」
「啊？」
聽到他發出驚呼，我滿懷怒火將聽筒重重摔下。
令我憤怒的不是對方的無禮，而是他說中了我的心事。
「在這個有三萬人自殺的年代，為什麼死了一個人就需要大肆報導？持續炒作也太奇怪了吧。我們應該要更加關心自衛隊派遣伊拉克的問題吧。」
社會版連日充斥這起案件的報導時，我碰巧在市政府的記者俱樂部裡遇到一位在佐世保工作已久、年紀稍長的記者，他正對年輕記者閒聊道。他似乎不知道我站在後面。我們的目光交會時，他露出了尷尬的神情。從新聞數據的角度，也許那是正確的觀點。我覺得受到憐憫與同情也很悲慘，於是轉身不再看向他們。
被害者與記者，採訪者與受訪者。
從相反的立場看，所見風景也許完全顛倒。
而我處在正中間，搖搖晃晃。
可是，如果我選擇退出戰線，等待我的將是「失格記者」的烙印，以及加速失控的報導——

「敢隨便亂寫看看，你想讓怜美再被報導殺死一次嗎？」

三森先生擔心我情緒不穩定，每當我們兩人獨處，他會輕輕戳我的胸口。

與自己內心長談的瞬間，背上會冒出冷汗直流的緊張感。一旦成為社會人，每個人必定會有那麼一次，碰到想要逃離的場面，感到錐心刺骨的疼痛。

如今我正處於這樣的考驗中。

前輩會打趣說我「還是個手推車」，作為記者（車子）還不夠成熟，我只是個毛頭小子，沒脫離學生氣息的半吊子。過去，社會的骯髒和自身的純真之間尚無摩擦，每次遇到麻煩，我都以年輕人的膚淺輕鬆為武器，覺得用善良的狂妄就能殺出重圍。

但在不知不覺間，我已經失去了武器，我站在無法靠著蠻橫硬闖到底的境地裡。

這瞬間，即使沒有答案，即使充滿矛盾，我也只能笨拙地一頭扎進去。所謂真正的出社會或出人頭地，是指承擔這種窘迫與無情，並且以自己的方式尋求妥協，堅持下去。

為了站穩腳跟，這種理所當然且幾乎老生常談的覺悟不可少，學會這件事情，我才終於成為一位和常人無異的社會人。

支援小組雖然對御手洗先生的事感到震驚，但依然專心做新聞，有時甚至會穿插地獄級的玩笑話，以避免被瘋狂吞噬。他們追逐眼前的工作，明白記者的職責所在。

而我的內心，卻藏著無法向人訴說的卑鄙情感。

從我接受怜美死亡的一刻，我就想要緊緊抓住工作，哪怕只有一點點也好。

我不想讓殘酷的現實變成自己的痛苦。

我害怕靠近御手洗先生，被他拖入悲傷的深淵。如果我褪去工作，露出赤裸的自己，我會從內心徹底碎裂。

所以，無論姿態多麼扭曲，我都希望保持記者的外形——

在案發當初，我沒想過我會用這麼卑劣的理由緊握工作不放，我也不想被任何人知道這件事。

若承擔起他人的人生，我自己就無法承受。不徹底的善意，只是為了給自己的愧疚感製造出逃避的場所。

我一刻也沒有離開工作，讓自己保持在吃水線的位置，即使如此，我的情緒仍在慢慢沉淪。我是個脆弱的人類。

淡忘與漣漪

儘管如此，時間依然一點一滴流逝。

暑假來臨，少了怜美和加害女孩的六年級班級，也一天天接近第二學期。不過，自從法院決定精神鑑定，距離案發已過去一個月，甚至兩個月，也未見審判的端倪。

原本預計到八月十四日結束的精神鑑定，又延長了一個月，到九月十四日。

第一學期途中，因事件而崩潰的班導師，在暑假結束後依然無法康復，繼續療養。學校派別的老師接手級任老師。

作為案發現場的三樓學習室，則決定拆除。因為家長們認為，若繼續保留教室，會重現那悲慘的記憶，於是學校花費約一千萬日圓，拆除部分的教室牆壁與屋頂，徹底抹去事件的痕跡。據說半年後，這裡會被改建為沐浴在藍天之下的開放式露台。[11]

時光緩緩流逝，全國又發生了其他備受矚目的案件。一旦風向改變，世人的關注也會隨之轉移。相比之下，佐世保事件的報導逐漸減少，怜美的死亡變成只存在於墨跡乾燥的世界裡，輕描淡寫彷彿沒有發生過。媒體就是這樣消費人的死亡。

法律界則開始動作，加速「嚴懲化」的趨勢。法務省推動修改少年法與少年院法，使得十四歲以下的少年也能被送入少年輔育院，他們迅速將修正案提交至法制審議會討論。少年法的修訂，也賦予警察「調查」觸法少年的權限，而過往總是依賴自願提交的資料收集程序，如今也開始考慮允許扣押和住宅搜索等強制性搜查。[12]

這起發生在日本西邊盡頭的兒童案件，向社會投出了一顆石子，它的漣漪不斷擴散，最終影響全國。

在案發三個半月後，九月十五日，決定加害女孩處分的最終審判正式開庭。

11 大久保小學後來將案發地點改建為休息廣場，種滿被害女童最愛的向日葵。每年在案發的六月一日，舉辦全校師生共同參與的「反思生命集會」。佐世保市也將六月定為「重視生命月」，推動相關活動與講座，並於二〇一五年開始，每年對小二至國三學生實施「身心狀況調查」。

12 除本段所述內容，日本少年法歷年來另有幾項變革，例如：二〇〇八年，加強被害方權利，被害方可旁聽少年審判，增加審判記錄的可閱覽範圍；二〇一四年，將未滿十八歲少年適用的有期徒刑，上限從十五年延長至二十年，不定期刑從五年至十年，提高為十年至十五年；二〇二一年，引入「特定少年制度」，將十八歲和十九歲定義為「特定少年」，加強處罰力度，並允許在特定條件下實名報導，案件情節重大時，所受審判將與成年人（滿二十歲）相同。

膚淺表面的彼端

「審判應以親切為本，和諧進行，並促使有不良行為的少年對自己的不當行為進行反省。」

針對未滿二十歲少年的少年審判，少年法第二十二條如此規定。因此與成人案件相比，可謂天堂與地獄之別。

首先，少年審判是非公開的。

若公開審判，讓少年曝光在世人面前，會阻礙少年的未來，因此審判庭裡甚至沒有旁聽席的座椅，有時連受害者家屬都無法出席。為了在和諧的氛圍中促使少年「反省」，情感波動強烈的遺屬顯然不適合在場。在這次的案件中，由於女孩未滿十二歲，所以御手洗先生也不被允許旁聽，他無法親眼確認加害者在想什麼，也無法知道法官是如何做出判斷的。

此外，少年審判的法官也不穿象徵公正無私，不會染上任何顏色的黑色法袍。因為在少年審判中，法官不是「制裁者」，他們甚至會穿著清涼休閒的襯衫。為了營造輕鬆的氛圍，審判庭的空間也極端狹小。

而且，少年審判的舞台演出設計也有它的特色。

在成人案件中，作為法律守護者的法官會坐在前方的高台上俯視被告，這構圖強調了審判庭中嚴肅的階級差異。

但在少年審判中，座位之間並無高低之分，椅子擺在同一水平線上，法官會以平等的視線，認真傾聽少年的話語，並對他進行重點指導。若少年的體格比法官壯碩，少年甚至會俯視法官。

之所以與刑事審判的差異如此大，是因為少年審判的根基在於「國家親權主義」，國家是替代父母親思考如何處置少年少女，法官的形象是寬厚且富有情感的父親。或許聽起來過於美好，但法官如同父親般傾聽少年的話語，並以適當且親切的建議解開少年冰封的內心，這正是少年審判的理想。想一想《北風與太陽》的童話故事，就能輕易理解這個理念。

儘管佐世保事件是一起殘酷的案件，但加害女孩是初犯，而且年紀實在太小，這使得法官更被要求做好「父母替代者」的角色。只是，光鮮亮麗的理想與崎嶇不平的現實之間，並非總能妥善協調。

九月十五日上午十點半，長崎家事法院佐世保分院二〇一號審判庭。

按照少年法舉行的最後一場儀式開始了。

此前的審判都在女孩生活的長崎市觀護所進行，但這次她被移送到約九十公里外的佐世保市分院。最後的審判，氣氛和諧不失莊重，在家事法院這個舞台上展開。

出庭的有家事法院佐世保分院的小松法官、上田與進藤兩位陪席法官、五名家事法院調查官、一名書記官，以及兩名少年觀護所的職員。

辯護方則有三名輔佐律師，女孩的雙親也出席了。女孩穿著白底格紋襯衫與牛仔褲，輕輕地坐在椅子上。狹小的法庭內有十七名相關人士，擁擠得令人喘不過氣。

三個半月前，女孩的世界僅僅只有家人與學校，如今她被大人四面環繞，孤身一人面對審判。父母則在她身後的位置上，緊張地吞咽口水。

據說，無論是怎樣的不良少年，在第一次審判時都會極度緊張，不管是當過飆車族還是惡名昭彰的壞孩子。女孩卻看不出有不安的跡象，周圍人的擔心並沒有影響到她，她非常冷靜。

審判的開頭十分順利。

關於加害女孩殺害怜美的事實，辯護方沒有異議。審判平靜進行，上午的審理過程像是流水作業般，主要是再一次確認犯罪事實。

接著，法官質問女孩的父母：作為加害者的家長，會如何對亡故的怜美表達歉意？會如何面對受害者家屬？今後打算如何與女兒共同生活？

父親站起來，直挺挺地懺悔道：

「女兒引發的事件奪走了寶貴的生命，我們深感抱歉。帶給受害者家屬無法言喻的痛苦，我們將盡可能地向他們道歉。」

然而，看似順利的程序，實際上卻流於形式。女孩分明才是審判的主角，她卻未能履行她的職責，她就像是儀式的一位配角。與其說她冷靜，倒不如說她對這一切不怎麼感興趣。

五位家事法院調查官中只有一位是女性，她多次與女孩面對面交流，到這天為止，她們已進行了多次對話。但到了最後的最後，她也沒能捕捉到女孩內心深處的「反省」。

在審判的過程中，調查官多次敦促女孩說出反省或道歉的句子，但女孩始終沒有回應她的呼喚。

「我還是無法看見妳的心。」

年輕的女性調查官流著眼淚，說出了這樣的話。

其他人試圖讓女孩向怜美道歉，但她的臉上只有困擾，有時甚至出現賭氣的表情。這讓在場的所有人更感困惑。

一般來說，少年少女尚處於人格形成的過程，因此被認為更柔軟（具有豐富的可塑性）。在少年審判中，會根據孩子的年齡和智力，用更爲溫和的語言敦促他們自發反省。因為法律期待審判本身，能成為解決當事人問題的過程。

僅是我個人聽過的成功例子就已不勝枚舉，像是過去作為飆車族的老大而行事囂張的少年，在審判中啜泣著道歉說「對不起」；一天到晚打架，傷害他人的不良少年，最終說出「我想補償被害者」的贖罪之詞。這樣感人的場景在審判中時常可見。

當少年被「代替父母」的成人接納，他們才會開始萌生與他人的共鳴——這正是少年法的理想目標。

遺憾的是，女孩終究沒有達到這個目標。直到最後，她都無法打從心底與大人建立相互理解的關係。

其實在這之前，就發生過一段可視為徵兆的插曲。

在審判前，家事法院會要求女孩「寫一封信給受害者家屬」，作為作業。然而，在那封信中，並沒有任何對遺屬的道歉之詞。

審判結束後，女孩會從公眾的視線中消失，在「保護」的名義下，她的存在將隱藏在社會中。無論如何，在最後的審判上，若對受害者家屬恩將仇報，以這種方式結束審判的話，會讓人感覺奇差無比，所以家事法院希望女孩至少能在形式上向被害者和遺屬表達歉意，讓女孩握起鉛筆。如果無法用口頭表達，至少可以寫些漂亮話——但女孩並未在信中增添任何內容，這微弱的期待也破滅了。

即使法院想要「代替父母」，但女孩不願敞開心扉，他們也束手無策。事到如今，竟然還發生了這一幕，連媒體也想像不到。對我來說，更是完全不能理解。

即使如此，審判還是在下午兩點半結束了，中間休息過大約一小時。判決結果也如同大家所預料的，沒有任何改變。

「將少年（女童）送至兒童自立支援設施，自平成十六年（西元二〇〇四年）九月十五日起，對少年進行為期兩年的強制處分。」

這是家事法院公開的判決主文。

輔佐人表示不會提出抗告，所以這項處分在當天便確定了。女孩再次被送上車，並於翌日送往國內唯一可採取強制措施的兒童自立支援設施「鬼怒川學院」。這一刻，從案發以來，歷經三個半月的司法程序終於落幕。

那麼，家事法院是如何看待讓少年法理想變得空虛的女孩內心？

少年法自古以來都認為，少年犯罪的原因來自於「成長環境」。但這次，面對女孩的案件，家事法院並未沿用此一觀點，他們判定女孩的「個人」特質缺乏共感能力，這才是犯下嚴重罪行的根本原因。

即使是在不成熟的孩子之中，女孩的性格也特別鮮明地顯示出發展偏差與扭曲。發展障礙。

近年來迅速受到關注的發展障礙，成為了解讀此案件的基礎。

偏差

說到底，孩子走上犯罪，原因究竟是什麼？

現行少年法制定以來，每當少年案件發生，大家便會討論這個問題，但迄今未找到答案。

可是，如果大人們無法理解孩子所做的事情，我們的社會將會無所依循，我們生活的世界建立在這上面，不論大人查明的「原因」是否就是真確的事實。正因如此，每當少年案件發生，專家和媒體便會大為震驚，急切努力尋找「原因」。不過，要分析少年犯罪，與其說我們想找出直擊本質的答案，不如說少年案件更像是當時社會的寫照。比起找出確切的結論，時代氛圍的影響更大。

這看法或許有些粗略，但我對追溯觀念的變遷非常感興趣。在戰後的動亂期，整個社會都處於貧困，人們普遍認為少年犯罪的原因在於失序的社會本身。饑餓與動盪的社會現狀，驅使孩子走向犯罪，這是當時的通念。事實上，少年殺人案的高峰也是在這段時期。

隨著經濟逐漸復甦，社會邁向「一億總中流」[13]的階段，這時，少年犯罪的根源不再被視為社會本身，而是轉向個別的家庭和教育現場，電視劇《三年B組金八先生》[14]就描繪出這個時代背景。

到了九〇年代，出現了酒鬼薔薇聖斗和西鐵巴士劫持[15]等案件。這些突然發生且難以

13 意即日本上億的國民人口都是中產階級，為一九六〇年代出現的國民意識。
14 日本一九八〇年代至九〇年代播出、改編自漫畫的一部電視劇，描述主角金八老師教育問題學生的故事。
15 二〇〇〇年五月三日年發生於日本佐賀市，一名十七歲少年持刀劫持一輛巴士與車上二十一名人質，並與警方展開長時間的飛車追逐，最後在警方包圍攻堅下落幕，造成一死多傷。

理解的少年案件，已無法用家庭或學校的框架解釋，「失控的十七歲」成為熱門的話題。

從表面上看，這些犯罪詭異且令人費解，若把社會、家庭或學校當作解釋少年誤入歧途的主因，未免顯得牽強。

正是在這樣的社會需求下，精神鑑定登場，將目光朝向少年的發展和成長。

精神鑑定原本是用來判斷嫌疑人是否具備刑事責任能力的工具，但在近年的少年案件中，法院也逐步導入了精神鑑定，將案件的未知原因連接至該少年的性格特徵。

作為解讀事件的線索，「發展障礙」的觀點備受矚目。

其中，最常與案件綁定在一起的就是「自閉症類群障礙」。這類孩子難以理解他人的意圖和情感，溝通能力有障礙，對某些事物的執著度較高。但他們的智力水準與其他孩子相同，有時甚至更加優秀，這是自閉症的一種特徵。

佐世保事件中的女孩，一直被周圍的人視為「普通的孩子」。最初，輔佐人對於是否需要精神鑑定，也強烈反對。然而，面對女孩難以捉摸的言行，家事法院感到棘手，最後決定求助於精神鑑定。

換句話說，家事法院想依靠發展障礙的診斷，勾勒出女孩的人物形象。

家事法院公布的判決通知書共七頁，A4大小，由三個部分構成。主文為宣布將女孩送往兒童自立支援設施，違法事實和處分理由則接在主文後面，共約四千字。

「違法事實」（即事實關係）與媒體報導大致相符，包含女孩在網路和交換日記中的糾紛。

但如此幼稚的衝突，真的能演變成前所未見的殺人事件嗎？既然是「審判」，家事法院必須想方設法擠出理由。

發展障礙的觀點，就成為了填補空白的拼圖，它將無法輕易連結的點和點之間，縫補上合理的線索。

接著，在「處分理由」中，家事法院先舉出女孩的精神鑑定結果：

「難以集中注意力在與人相關的事物上」

「片段理解事物」

「不擅長將抽象的事物語言化」

「比起聽覺訊息，更擅長處理視覺訊息」

——法院如此分析女孩的特徵。

若按照精神鑑定的教科書，美國推出的鑑定指南《DSM－IV》[16]，此結果完全吻合手冊上所記載的自閉症類群障礙特徵，彷彿直接沿用一般。當然，家事法院並沒有每項都特別標注「根據DSM－IV」，但若一一對照這本手冊所列舉的發展障礙特徵，都與女孩的人格重合。

儘管如此，家事法院仍補充說明，女孩的這些特徵屬於「輕度」，謹慎地迴避掉直接診斷為發展障礙。他們顯然有所顧慮，不想讓診斷名稱被過度放大。

他們沒有用診斷名稱將女孩貼上標籤，卻仍參考發展障礙的特徵，藉此照亮女孩內心的問題，這在邏輯上似乎含糊不清。但家事法院以女孩有類似發展障礙的特徵為基礎，剖析她所面臨的困難。法院的真實意圖，隨著閱讀的深入才逐漸浮現。

關於交換日記中「NEXT」文字所引發的糾紛，「不要抄襲」聲明所引起的孤立，還有在網路上多話但在學校裡「文靜」的反差等等。

在通知書中，法院隱晦地提及了這些問題與障礙之間的關聯。

其中也探討了模仿《大逃殺》的殺害手法。法院不斷提出論點，試圖直指事件的核心。通知書整理出，女孩一旦感到憤怒，便只會在逃避現實與攻擊兩個極端中做出反應，這也顯示出發展障礙的特徵。她對恐怖小說的著迷也有影響，這使得她「過度膨脹攻擊性的自我」。

就這樣，家事法院將女孩的個性與案件連結起來，建構解釋框架，說明「幼稚的爭執」如何跳躍至「史無前例的案件」，並歸結道：

「對於不擅長口語溝通的女童而言，交換日記和網際網路是她唯一能夠安心表現自己，並確認自我存在的『避風港』。女童對原創和規則有強烈的執著，所以警告他人不准擅用，被害者因此感到窒息與反感，於交換日記中反駁了女童，還在網站上發表文章，雖然沒有指名道姓，但坦率地表達出對女童的負面情感。

女童將此行為視為侵略『避風港』而感到憤怒，起初她採取迴避的方式處理，但隨著被害者重複的侵入，女童的憤怒不斷增加，攻擊性升高，最終轉化為明確的殺意，並計畫性地實施殺害。」

這就是家事法院對案件本質的判斷。判決通知書將案件的起因，歸結於他們所拼湊出

16 DSM通稱爲《精神疾病診斷與統計手冊》，IV為第四版。第四版仍稱為「廣泛性發展障礙」，但第五版已改名成「自閉症類群障礙」，本次中譯引用的是最新名稱。

的女孩的個人特質。比起家庭或教育現場的問題，家事法院的判決更側重於個人的素質，也就是精神鑑定的結果。

當然，通知書中沒有明言女孩患有發展障礙，許是擔心社會的偏見。

但法院在決定處分時，並不需要診斷名稱，他們只要知曉女孩發育與成長的偏差如何連結至殺害怜美，並能以此理解案件全貌就足夠了。

雖然是後話，但女孩在進入鬼怒川學院後，被正式診斷為發展障礙。

不過，女孩憤怒的矛頭，是否必然會指向怜美？關於這一點，家事法院提及女孩「情緒發展尚未成熟」，並下結論：

「被害者的言行絕對不是會讓他人產生殺意的行為，並無任何特別的過錯。」

最後的最後，法院所得出的結論，令人無法承受。

更生與贖罪

其後，女孩被收容於兒童自立支援設施「鬼怒川學院」。

國家作為「代理父母」，針對有發展偏差的女孩，該如何撫育她？這個問題的答案，他們會提供女孩一位新的母親，俗稱「重新撫育」。家事法院會從母女般親密接觸的情感關係下手，讓她重新來過，此為年幼女孩更生的第一步。女孩在鬼怒川學院，如同字面意義，會從嬰兒階段重新開始。

在這個設施裡，女孩遇見了一位中年女性。她被評價為「看起來是隨處可見的慈祥阿姨」，她其實是一名精神科醫師。兒童自立支援設施通常設備有限，但「鬼怒川學院」是唯一支援女童的國立設施，擁有完善的醫療後援，並有精神科醫師執勤負責療育事項。

這位不起眼的女性精神科醫生，曾經負責過神戶連續殺傷事件的少年和長崎男童誘拐殺害事件的少年。她不僅僅是替代母親的角色。她在醫療少年院時，曾與酒鬼薔薇少年面對面，逐漸深入他頑固的內心。少年從這位醫師身上感受到溫暖，將她與「母親」的形象重疊在一起，從而打開心扉，最終從沒有犯罪意識的自己到感到了罪惡感。

她接受犯錯孩子原本的模樣，她的包容力甚至讓她自願捲進他們的人生。犯下重大案件的少年少女，在他們的成長路上，她總像影子陪伴在他們身旁。

在鬼怒川，這位女醫生也成為了女孩的專屬醫生。

在遇見這位重新撫育她的「新母親」後，女孩才真正地，第一次面對案件。

這位女醫生會在一本雜誌中，如此說明加害者的贖罪之路。

「孩子們會根據自身精神發展的程度，深化贖罪意識。五歲的孩子有五歲的贖罪意識，十五歲有十五歲的，二十歲則會培養出二十歲的贖罪意識。（中略）贖罪教育並不會在設施內完成。當他們回歸社會，在現實生活中累積經驗，親身體驗到活著的意義，才會反思自己過去犯下的行為究竟是什麼。（中略）

「在這樣的日常生活中，他們會產生實感，才開始了解到，自己的人生與未來因案件而變形，被害者失去生命，自己摧毀的是自己與受害者家庭的平靜生活。真正的贖罪，從這裡開始。」

少年審判並不是為了懲罰加害者，而是讓他們「重生」的一個過程。

在佐世保事件中，家事法院預定的目標，是讓女孩意識到自己誤入歧途，內心萌生出深刻的反省。可是，即便延長了鑑定時間，仍找不到突破口。

每當法院督促女孩對遺屬道歉，別說贖罪，她甚至會露出不滿的神情。她的身心都還很弱小，連自己所犯的錯誤都沒有深刻感受，更談不上贖罪。因此，審判對女孩和家事法院而言，是以雙方都難以消化的狀態結束。

然而，即便女孩流下淚水，說出悔恨的話語，讓法官和調查官感動得落淚，就能說是圓滿的結局嗎？或許也只是相關人員的自我滿足罷了。畢竟，僅靠司法程序，無法完成更生與贖罪之路。

女孩在未來漫長的人生中，要如何活下去。

對怜美來說、對御手洗先生來說、甚至對女孩而言，在這場事件中，應該要問的問題或許是這一點。

關於女孩被診斷為發展障礙這件事，我想多做一些補充，避免產生誤解。

少年事件發生，起因恐怕都不只一個。因此，單純歸咎於女孩的個人特質，切割為特殊案件，既粗暴也有點便宜行事。只是，在解讀案件時，與其將女孩的犯罪性質視同成年人，當作是無法解釋或無動機的殺人，把加害者看作瘋子，不如引入發展障礙的新觀點，才能加深我們對案件的理解。

本來，發展障礙就不是可以用陰性／陽性，簡單二元論描述的事物，也不是正常與異常的差別。實際上，許多發展障礙的孩子是被害者。在邏輯上也不可能單純判定，因為發展障礙，所以走上犯罪之路。

但是，判決通知書是司法領域的正式紀錄，往往需要一個合理的解釋。以當代的概念，女孩並不是「反社會」型的不良少女，將她歸納為不適應社會的「非社會」型孩子，更有助於理解案情，僅此而已。

不過，這也只是案件的片段罷了。

進行多次採訪後，我有一個想法。

女孩像是絕望般憤怒，但在沒人察覺的情況下，她也陷在悲傷的深淵中。她砍殺別人，其實同時也無來由傷害了自己。

殺人這種事情，明明隨時都能停下來，她卻深信自己已經騎虎難下。雖然法院判斷她具有「明確的殺意」並且「有計畫」地殺人，但在真的殺了人以後，她卻連逃亡的規畫都沒有。

在那裡，沒有合理的原因或理由，只剩下怜美已經死去的現實。這個嚴肅事實的重量，我們無法承受，只能恭謙地它被擊倒。

家事法院的判決通知書，最後寫道：

「女孩目前小學六年級，正處於青春期前的階段，身心變化顯著，因此期望隨著她未來的成長，矯治能順利進行。」

這是所有相關人員都真誠期盼的願望。

輔佐人的記者會

在最後的少年審判結束後，輔佐律師團在佐世保市政府舉行了記者會。記者室裡塞滿了媒體，眼花撩亂的閃光燈不停閃爍。由於今天是長期案件採訪的最後一天，記者們的情緒似乎更亢奮。

與女孩關係最密切的山元律師，描述女孩的特質：

「事實是，有些反應很正面，也有些反應不那麼理想。但她還是個不成熟的孩子，與成年人不同，無法表達自己。因此，檢視她的一舉一動，藉此評價她，我認為不妥當。另一方面，法院認為，儘管可以看到她努力的跡象，但還是不夠。所以我們認為，她既有進步的一面，也有不足的一面。」

記者們接連提問。

「案發後的三個半月裡，你們觸及到她內心深處了嗎？」

川添律師回答道：

「從信賴關係的角度看，我們建立了一定的關係，但她並未完全敞開心房。」

輔佐人露出了苦澀的表情。攝影師捕捉到時機，相機閃光燈再次猛烈閃爍起來。

關於案件的背景，山元律師則緩緩道：

「對她來說，文字的世界非常重要，她對此十分執著。由於她在口頭溝通上有困難，所以不受時間限制的書面表達尤為重要。也正因為矛盾發生在文字世界，更容易激發她的怒火，遠超出周圍人的想像。」

據說，父母在審判結束後，對女孩說：「希望妳能加油，我們會等妳。」

山元律師在最後，向記者介紹了鑑定報告的結語，表達法律對社會及成人的期待。這是判決通知書中沒有提及的內容。

「為了不讓這樣的悲劇再次發生，我們想呼籲大家關注那些看似平靜、沒有問題，但過於內向的孩子，這件事非常重要。希望藉由此事件，社會能夠展開有意義的討論。」

寂寞籠罩

同一天晚上八點，應媒體的要求，御手洗先生在佐世保市政府召開記者會。從意見陳述後的記者會以來，這是他首次在媒體前露面。在不久前，同一場地才剛剛舉行完加害女孩輔佐團的記者會，所以現場的記者與御手洗先生都顯得有些匆忙。

御手洗先生手裡拿著怜美生前喜愛的手鍊，坐在座位上。他仍然繫著我不熟悉的領帶，頭髮剃得像僧侶一樣光滑。

因為是最後的時刻，他的樣子很緊張。

御手洗先生開始發言。

「從那一天起，時間既漫長又短暫。不過仔細想想，我的心情是轉眼間就到了這天。送她去兒童自立支援設施，是我早已預料到的判決結果，因此我沒有特別的感想，但我很感謝法院採納了少年法中所能採取的最嚴重處置。」

開場他先述說了心境，然後他稍微停頓一下，接著說道：

「只是，如果問我是否滿意，我的答案是否定的。但法院已經做了現行法律下能夠採取的措施，我也只能接受。」

御手洗先生也已經收到了審判的結果通知書。

他閱讀了通知內容，並感到困惑。

「從事件發生，我一直想著『為什麼伶美非得遇到這種事』，我一直執著於這個『為什麼』。我期望能夠得到解答，即使只有一點點也好，我整個意識都在追尋『為什麼』的答案。然而，出來的結果，我沒看到什麼特別的部分，我仍然無法釐清頭緒。」

記者的問答環節開始。

「您有什麼話想對加害女孩說嗎？」

一記直球對決的問題拋了過來。

「判決通知裡提到，她還沒能體諒到被害者家屬的心情……這部分，確實超出我的理解範圍……」

今天也是御手洗先生第一次看到判決通知書，所以他不知道該如何作答，看起來有些為難的樣子。

「我希望她能長出足夠的能力，清楚表達自己的想法，大概就從這裡開始吧，今天少年審判的程序已經結束了，但對我來說，對她來說，這件事還沒有結束。因此，我無法具體說出希望她成為什麼樣子。」

此刻的御手洗先生，沒有對女孩表露出任何憤怒或憎恨的情緒。也或許他封印了自己的情感，有意識地克制自己對女孩說出口的話。

記者繼續發問。

「今天對您來說是告一個段落嗎？」

「從程序上來說可能是告一個段落，但也可說從現在才開始吧。不過，我不知道這次事件有沒有一個終點，究竟什麼才算是我的終點。雖然我無法忘記這個事件，但什麼時候我才能平常心思考這件事？我不清楚。或許現在才是真正的開始。」

「怜美會怎麼看待判決通知的內容呢？」

一名電視台記者提出質問，為了拍攝「受害者家屬」的畫面而問出這種問題。

「嗯……怎麼說，也許她會說：『爸爸，你們真的了解我們嗎？』感覺她會說，到頭來大人還不是不懂。」

御手洗先生帶著苦笑回答。雖然緊張，但他仍細心一一作答，沒有避開記者提問的意圖。記者會持續下去。

果然是被稱為「大人」的御手洗先生。

「您認為（判決通知的內容）沒能觸及她的內心深處嗎？」

「目前的情況是這樣。無法說真的理解她的內心。」

「處分的內容您怎麼看？」

「我認為法院已經採取現行法律中最嚴格的處置。不過，她本人可能並不認為這是嚴厲的處分。我無法得知她對此有什麼想法……或許她也無法完全承受這一切，我也還沒見過她的父母……」

他這麼說著。

記者會約四十分鐘。當指針指向八點半，記者們開始在意起報導的截稿時間，其中一位看準時機，提出總括這場記者會的問題。

「今天審判結束了。在這以前，您的生活是怎樣？未來的日子，對您來說又是什麼？」

「嗯——」之後，御手洗先生沉默片刻，才吐露他的心聲。

「我總覺得，只要一說出過去的事，它們就會消失。我想，未來會是沒有怜美的寂寞日子。之前還有告別式、意見陳述等少年審判的日程，我可以在日曆上記下這些預約事項，並把自己的情感投注在上頭。但未來一切都模糊不清，我沒有信心自己能一直保持現在的心情，也許我會在途中遇到挫折。我有無法確定座標的恐懼感。」

記者會順利結束。然而，御手洗先生似乎擔心自己的想法可能被誤解，光用口語表達不夠充分，所以在記者會終了時，他還發了自己寫的手記。他在閱讀完判決通知書後，匆忙寫下內容。

這是寫給怜美的最後一封信。

小怜，那一天起，已經過了三個半月。少年審判結束了。許多人調查了她的事情，但爸爸心裡仍充滿疑惑。或許程度有一些差異，但她看起來就是爸爸或其他大人所認為的「普通」孩子。這樣的結果，就是鑑定和調查的極限嗎？還是說，即便是「普通的孩子」，也可能會做出這麼可怕的事情？爸爸無法理解。

爸爸也再次感受到，親子關係與家庭的珍貴及難處。妳在爸爸面前，顯得比實際年齡還要幼小，但有時候，妳卻像媽媽一樣鼓勵我。不過，看了妳的信和訊息（抱歉，沒有經過妳的允許），我才發現妳在轉學後，承受了許多環境改變所帶來的痛苦。我不知道這些事。

或許父母無法完全理解孩子的一切，但爸爸也不夠努力，沒能察覺到妳與她的爭吵。如果我早一點發現，或許就能幫上什麼忙。希望她的父母也是這麼想。

沒有父母能預料到自己的孩子會成為被害者或加害者。為了避免其他父母遭受與我相同的痛苦，我想對所有有孩子的大人說一句話：「即使無法理解孩子的一切，也請繼續努力理解，用每個家庭各自的方式。」

小怜，聽說她在學校裡，曾有些跡象讓人在意。但沒有任何大人注意到這些，也沒有人向她伸出援手。

爸爸以前曾經採訪過學校，有一個班級讓我覺得「好棒」。老師不會說笑話逗孩子開心，但他很開朗，老師生氣時孩子們也會感到害怕，可是孩子和老師之間彼此信賴。那位級任老師的笑容也很有魅力，讓人感受到他是真心熱愛這份工作。

現在的學校呢？老師們是否真的享受這份工作，每天與孩子們面對面？教育行政人員是否也帶著能直面孩子的心情，支持學校？

如今妳不在了，寂寞籠罩著我。但靠著許多人的鼓勵，我得以走到今天。雖然少年審判結束了，但對爸爸和她來說，接下來的人生才是真正的審判。我也希望能以自己的方式，重新審視這起事件。

小怜，今年的聖誕節，爸爸應該能輕鬆一點。這三年裡，妳一直向聖誕老人許願：「讓我再一次聽到媽媽的聲音吧。」這讓爸爸有些困擾。現在妳們應該在一起了吧。

今年，爸爸或許也會向聖誕老人許願：「讓我再一次聽到妳們兩人的聲音。」

片刻的休息

我在這一天，帶著極度的緊張與疲憊，寫下了〈加害女孩送至兒童自立支援設施〉的報導。

我心想，這是我為這起案件撰寫的最後一篇報導了。自從上司御手洗先生成為「受害者」的那一天，我彷彿陷入了狂熱的狀態，持續寫了三個半月的案件報導，如今終於要結束了。

我每天都扮演著新聞記者的角色，悲劇襲擊了平凡生活的御手洗先生，我卻連和他共同分擔悲傷與痛苦都做不到。

甚至在不知不覺中，我被迫選擇了工作而非私情。在這一百天裡，御手洗先生是以什麼樣的心情，看著我寫出一篇又一篇報導呢？每當想到這裡，我就感到內疚。

等我交出稿件，已是晚上十一點多。我的手機響了。

電話是潟永主編打來的。案發後，潟永主編就離開了職場，照顧御手洗先生。記者會結束後，御手洗先生在附近吃著遲來的晚餐，並和親友開了慰勞會。

席間，他們邀請我一起參加。

慰勞會開在卡拉OK包廂裡，御手洗先生露出了笑容。

我們一起喝酒，一起拿著麥克風唱著回憶裡喜愛的歌曲。他沒有提起事件，也沒有提到我的事，他的樣子彷彿沒有那一天，我們的關係也和之前一樣。御手洗先生的體貼拯救了我。

無意間，我想起在分局三樓，孩子般嚎啕大哭的御手洗先生。

看著他微笑的側臉，我感到堅強，也深切期盼著，總有一天御手洗先生能再次迎來平靜的日子。

第二部

經過如同暴風雨的一百天，加害女孩被送入設施隔離，而湧入占領佐世保分局的一群支援記者，也陸續回到福岡或東京的總公司，回歸各自的崗位上。小小的分局重新獲得了鄉村的寧靜，卻也驟然增添了幾分冷清。

無論多麼猛烈的颱風，一旦消散，才發現如此輕易且短暫，讓人不禁感到空虛。就這樣，作為「新聞」的佐世保小六同學殺害事件，正式落幕了。

可是，這個故事真的結束了嗎？新聞失去了新鮮感，就能束之高閣嗎？

每當一起案件結束，又會出現下一件痛心的事，吸引世人。我們特別容易將目光轉向活生生的「八卦」，視線卻千篇一律，早已沾滿了世俗的汙垢。

無論是成熟的大人還是不成熟的孩子，我們只用殘酷事件的單一觀點將他們切割出來，壓入同樣制式的「受害者」模板。對加害者的處理方式也一樣，毫不猶豫將他們放入「加害者」的猙獰模具中，再參雜一些無用的資訊進去。

最後，隨著時間推移，我們甚至會將這些事情遺忘得無影無蹤。

可是，對於被留下來的人，案件無法就此結束，還有許多事無法釋懷。

在那之後，御手洗先生偶爾會出現在佐世保分局，但他並未復職，到了春天，便調任至福岡。加害女孩的父親也保持沉默。直到最後，我和當時還是中學生的怜美的二哥，也未能說到話，我們甚至連再見都沒說就分別了。

鬆開正裝領帶後的御手洗先生不加掩飾的真心話；被談話性節目稱作「暴君」的加害者父親親口說出來的話語；還有躲在一碰就碎，泡沫保護殼中的哥哥，一直沉默不語。

即使案件逐漸被世人淡忘，我還是去見了這三人，慢慢聽他們述說。為什麼要這麼做，我自己也不太清楚，我找不到一個合乎邏輯的答案。我只是覺得，即使圍繞著同一案件，講述的方式不同，所湧現出來的故事也不同。就像同一顆水果，從不同角度切開，切面的形狀就會完全不一樣。

我想要正面凝視這三人，他們花費各自的時間，從各自的立場編織出三種故事。我想透過面對面對話，直視那些我們曾經省略、忽視，甚至刻意迴避的部分，我也想從軟弱的自我中，邁出第一步。

被奪去「普通」生活的人們，他們的糾葛就在那裡。

第二部 之

御手洗先生／身為被害者的父親

被稱為死者家屬

那麼，我們就來談談事件吧。

不過，事發當天，我確實一直出現在電視上，或說是被迫出現。

關於「那一天」的記者會，其實我沒有什麼想說的話。因為在各種意義上，大腦亂成一片，完全沒有想傳達什麼訊息的心情。只是聽到有採訪需求時，我是反過來想，我最先想到的是，如果我不接受採訪，會發生什麼事？

如果我拒絕，媒體會怎麼行動？想必還是會找上其他家人。所以我有意識地，希望媒體不要去接觸我以外的人，不讓家人受打擾。取而代之，能由我給出去的資訊我就給出去，這是我最強烈的想法。

而且，比起我什麼都不說，讓媒體隨意撰寫報導，倒不如讓媒體基於採訪我的內容寫，對我來說，這樣才不會出現令我反感的報導或新聞。

反過來說，因為我曾經是請求採訪的一方，所以我明白同行所承受的痛苦，真的很辛苦。

確實我想過，如果我從事的不是新聞業，或許可以爽快踢開記者會，也可以選擇拒絕。但也正因為我是記者，我看得到報導方的反應，才能應對。有好有壞。

即便如此，公開露面還是相當痛苦，不會習慣的。因為會無法過上平靜的生活。

你問我對於事件報導的看法？這很難回答。嗯……作為當事人和作為記者的回答，不一定會一致。

從以前到現在，案件報導的模式很固定。我們記者採訪不是會先從「動機」入手嗎？像是「為什麼要殺人」。警方認定犯罪時，也把動機看作核心事物。在各自的工作上，這沒有錯，一開始不可能不去追究動機或原因。

比方說，案發後嫌疑人被逮捕，媒體便會日夜趕去取得嫌疑人的供詞，如果有一百名記者，就會有一百個人寫這篇供詞。我想應該沒有記者不會這樣報導。

但是，當事件和以往的經驗或類似案件相比，得不到符合認知的內容，又該怎麼辦？特別是，孩子的案件不同於成人案件，即便得出了合理的結果，也必須徹底質疑其真實性。

就拿肖像照這個問題來說，很多人出於看熱鬧心態「想看看那張臉」，報紙和電視的起源正是從這裡開始，就是湊熱鬧的「瓦版」[1]。雖然不能說是偷窺，但在現在這個時間點，也不可能讓媒體完全停止這種行為。

1 江戶時代用木版印刷製成的八卦小報。

不過，素人被相機對著會恐懼吧，被媒體敲門也會害怕。幸好我們的分局在二樓，碰巧家在三樓，媒體要來找我，必須先經過公司，這樣一來，媒體也沒辦法過來。如果是獨棟住宅，肯定會有人敲門。

如果記者也是一對一採訪，不算太痛苦。但如果是一群媒體蜂擁而至，或是多名記者接連而來……憤怒的矛頭就會指向媒體了吧。

而且嫌疑人的供詞，終究是一方之詞，但如果被報導出來，大家就會當作「既定事實」。讀者會有先入為主的感受，認為事實就是這樣。

長子看到案件的報導，曾憤怒地說：「這不是事實。」我對他說：「別慌，還會有更多呢。」

當事人出面反駁的話，就會變成互丟泥巴，當時我也沒有能反駁的證據，要向誰反駁也是一個問題。反駁有時反而讓媒體高興。這真的是雙面刃。

即使我寫了很多，也說了很多，並寫下自己的心情發表論述，卻還是會出現錯誤解讀，讓我覺得「咦」的報導。比方說，加害者的父母寫信給我，我說：「現在還沒有心情讀，不是因為憎恨對方，而是我的情緒還沒準備好。」卻被報導寫成「死者家屬拒絕接受道歉」。

無論是在肉體上還是精神上，遺屬沒有辦法每項都表達意見，心境上也不可能一成不變。這真的很難。

在那之後

少年審判結束後，我真的很閒。那時我已經從分局三樓搬到別的地方了，但我既沒有工作，也無法工作。一直支持我的潟永和高原（每日新聞的同事）離開的時期特別難熬。他們不在身邊，審判也結束了，那段時間真的是最辛苦的時候。

不過，也不是和大家熱鬧相聚就能好過些，各有難處。

事件發生後，我只想離開分局長宿舍。因為怜美的記憶與那個地方密不可分，那裡是她日常活動的核心地帶。我想，怜美開門並輕快上樓梯，這畫面記憶會一直糾纏著我。

搬到新的公寓後，至少沒有怜美回家這件事。新公寓裡不會有「我回來了」之類的日常對話。

審判結束後，不做家務時，我不是在家睡覺，就是在看書。因為是鄉下，走在外面總會遇見人，大家都知道我是那起事件的遺屬。去附近的超市時，有女性瞪大雙眼看著我，我才明白「刺痛的視線」是什麼感覺。這也讓我待在家的時間愈來愈長。

不過，在審判結束後，我仍然會到（佐世保）分局露面，這已經成為生活的一部分。我的生活節奏就是，早上起來，送兒子去中學上課，到分局走走，準備晚餐。

即便很痛苦，但如果我不去公司，就會完全不知道發生什麼事。無論是社會的動態，還是公司內部的情況，我都會變得一無所知。被拋在後面的感覺有些令人害怕，我還是渴望與社會有所連結。

但畢竟我不是在工作當中，自然也無法參與。作為一名新聞記者，即使人在公司，卻無法接起電話，這是入職以來第一次吧。我也沒有接電話的心情。

所以，那孩子（加害女孩）不是在部落格上寫「無聊死了，無聊無聊無聊無聊無聊」嗎，我也是，至於我們的感覺是否相同就另當別論了。可以說，我不知道怎麼打發時間。我不會去看電影，所謂的購物，也只是去超市而已。

記憶的開關

即使搬到福岡，仍然會有人向我打招呼，顯然是因為我在電視上露過臉。剛到福岡的時候，就有兩個人找我搭話，我嚇了一跳，「他們為什麼會認識我？」

其中一位是成年男性，他在書店裡問我：「難道您是佐世保事件的那位？」一開始我裝傻，但他一直問。後來他說：「請加油。」就離開了。

另一位是跟怜美同年紀的女孩，她在路邊突然拿著巧克力走過來，說：「請加油，您是御手洗先生吧？」我問她：「妳怎麼知道的？」她回答：「在電視上看到的。」我才恍然大悟。

在新工作地點福岡，我作為市內版的主編，要負責看市內選舉之類的稿件。因為是做編輯台的工作，所以我回歸工作沒什麼難度，但要我當記者，自己去採訪，我還是感到害怕。在採訪之前，我就對要見人感到害怕了。說白了，地方版主編的工作，不會接觸到太嚴重的案件，主要就是一些小鎮新聞，不像社會版。

所以，要我去處理重大案件或事故的稿件，我還是做不到。記者交稿過來，我也無法對他們說「再深入點」或「這裡多問一點」。現在我的心情，反而更像是受訪者。

怜美去世後的第一個生日，剛好是我的上班日，還是值班主編，所以我忘記了。直到朋友傳訊息來：「今天是生日吧。」我才驚覺……可能我一向不太在意紀念日。隔天次子買了花，我則買了蛋糕。

在日常生活中，我現在沒有時間刻意想怜美，或者更貼切地說，我無法想，也或許是我刻意不想。我的內心試圖轉換心情吧。

家人間也不談怜美的事，應該說幾乎沒有。我有幾次主動向兒子提起，但他什麼都不說。即使看了我的手記，他也只說：「這樣可以啊。」沒有具體表達他在想什麼，也沒要求我寫些什麼。到了這程度，我也不可能再多說什麼。

我和他都不需要努力想怜美，相反地，要努力才能不想。上班時如果滿腦子都是怜美的事，根本無法工作。

只是，即使刻意不想，關於怜美的記憶，還是常常突然甦醒。

便利商店播出她喜歡的歌，餐廳出現她愛吃的食物，這些小事如同一個個契機，每當我下班後，一個人緩慢走在夜晚回家的路上，回憶會在瞬間噴湧而出。我無法自己控制記憶的開關。

記憶沒有淡去，因為不會淡去。

該怎麼說，這就是無法強行消除的東西。所以開關很容易被打開，即使我不想要。「回憶她的時間變短了」不等同於「回憶消失了」或是「我忘記她了」，不可能的。

但每次關於她的回憶，都只到十二歲。我當然只知道她十二歲前的事情。

父母的心情

我對怜美感到悔恨，覺得抱歉吧。

雖說是出於無奈，但畢竟是為了父母，她才從長崎搬到佐世保，這也是我反省的根源，如果當時再多顧慮她一些就好了。

我也反省自己，是否好好面對過怜美，我不想藉口因為是單親爸爸，我們家男丁多等等。

有人說，身為受害者家屬卻對自己的女兒感到抱歉，這樣很奇怪。但不是的……有人又問：「那為什麼？」，我卻也答不上來。不過，身為父母，應該都會這麼想吧……說「沒能保護孩子」好像有些不對，但如果我能多一些時間陪伴女兒……

我後來找到怜美寫的信，讀完後覺得她當時一定很寂寞。

這樣的感受是我帶給她的，這是我的責任。而我也覺得，怜美寂寞的心情，或許最終促成了這場糾紛。因為怜美的心裡也很慌亂，所以會為了不必要的事情起衝突，當然這只是我心裡的想法。

我在妻子過世的第三年也累了，有時候會在家裡發脾氣。女兒遇到困難時，如果我能夠傾聽，或許她的心情會因爲聊天得到緩解，我也能給她一些建議。我完全不知情，這就是我為何感到後悔。我完全不知情。雖然我也見過她（加害女孩），對她們的關係有一定的了解。

如果不這樣想，我就沒了「這件事或許可以避免」的念頭。如果無論我做什麼，結局都一樣，那我不知道該怎麼辦才好。

你問父母是否需要承擔這麼多？嗯……就是會如此吧。關係愈深，承擔的也愈多。就像雖然我一直不了解兒子的想法，但我相信他內心也有很多感受，畢竟他和怜美相處的時間比我多。

也或許我不需要想這麼多，確實這件事，直接說就是怜美和對方之間的問題。但身為父母，還是會想，自己是不是可以做點什麼。怎麼說呢，保護女兒的想法本身或許錯了，但我依然會自責於沒有做到。

具體來說，父母無法完全保護孩子。這是身為父母有點愚蠢的想法，但從事件的結果來看，我還是會忍不住這樣想。我也後悔沒能花時間和女兒好好相處。

反過來說，我相信對方父母也有類似的後悔。畢竟在保護孩子方面，父母得承擔最大的責任。

對方的父母每個月會寄一封信來，我想他們也在極大的痛苦中。但這不是能「因此就原諒」這麼簡單。

我會一直懷念怜美，這種情感無法輕易割捨，如果對方不是在盛怒下，突然做出那樣的舉動，事情很可能就不會發生了。但也為了能持續思念怜美，我不能在日常生活中一直想，那樣根本無法回到工作上，也無法生活，更無法養育孩子。所以我還是試著切換心情。

有人說，忘記那天的事會輕鬆一點，但這不是輕不輕鬆的問題，而是我無法割捨。一想到怜美，就聯想到案件，無法分開。當然也包括案發現場的場景，之後的葬禮等等，這一連串的事情，全都是一體的。

每當我回憶起怜美，必定會想到躺在教室地板上，她的背影……雖然我當時沒看見她的臉，但這畫面總是最先浮現。因此，我也有想大聲吶喊的時刻。要我只靠和怜美的美好回憶過活，恐怕不可能。或許未來的某天可以，但至少現在做不到。

孩子的心

雖然我不太懂孩子的世界，但我想怜美應該也承受了不少，她可能無法對父親敞開心扉，或是覺得父親沒餘力聽她傾訴。

我的遺憾在於：「為什麼她不對我說自己的煩惱呢？」每每想到此，我的內心都感到絕望無比。

孩子被逼到絕境，父母應該要在最後支撐他、幫助他、聆聽他。但父母是否真的關心自己，孩子不一定能感受到。

最終，還是取決於每個人的情況，能夠多真誠面對彼此。雖然表面上沒說，但我想每個人心裡都是這麼想的，父母也好、學校的老師也好，都是吧。即使互相推卸責任也無濟於事，只能在各自的崗位上盡力而為。

那個孩子也是一樣。大家姑且對她做了各種精神鑑定或其他測驗，雖然不能說她完全不會表達情感，但確實有困難，所以身邊的人就會非常辛苦。

孩子之間產生「討厭這個人，讓他消失」的念頭，這相當正常。但一般人也都有某種安全閥，不會越過界線，可是那孩子卻不是這樣。

所以，雖然有人質疑，不該對小學生進行精神鑑定，但我覺得做是對的。我認為需要全面了解情況，這並非毫無意義。至於精神鑑定是否解開了「為什麼」的疑問，嗯，我沒有被說服。

事件發生後，警方曾訊問那孩子，但我也懷疑部分調查內容「真的是事實嗎？」因為當事人一方已經死去，無法開口了。而且警方處理時，難免會落入成年人案件的慣性，可是這種處理方式有誘導孩子的風險。

畢竟，警察為我製作被害家屬筆錄時，連我自己都嚇了一跳。他們朗讀筆錄時，出現了「悲傷」、「無法原諒」等詞語，我不記得自己說過這些話。我問他們：「欸，我說過這些嗎？」結果他們回答：「我們揣測了您的感受。」當時我想，可能就是這麼回事吧。所以我覺得她的供詞可能也有類似的情況。

因此，對我來說，我想知道的是她跨過最後界線的關鍵因素，特別是在案發的幾天前，她在想什麼，但這點卻始終難以釐清。即使精神鑑定用滿滿的專業術語描述她，但她在進行鑑定的時候，記憶已模糊不清。

不過，與其追究「為什麼發生這樣的事」，不如思考「為什麼無法阻止」，周圍像是父母或老師等相關人，都必須思考這個問題。實際上，最重要的問題就是「為什麼無法阻止」，如果不好好思考，下次發生我們還是束手無策。畢竟現實中，不分年齡，都在發生各種問題。

那個孩子

國家說要讓那個孩子更生，但我看不清國家如何定位自己與被害者的關係。鬼怒川（學院）作為一個機構，不能只在他們的職責範圍內說：「我已經讓加害者改過自新，出去後就由雙方當事人自行解決吧。」理論上對於觸法少年，國家要像父母一樣照顧他們。

法院和觀護所也是一樣，這起案件的相關人員對她做了多少，如果不告訴我們，我就沒有資訊判斷她是否已經改過自新。如果我確實得知相關人員對她做了許多努力，多少會減輕我的不信任感。

所以，我希望能公開更多關於那孩子的資訊。可是十四歲以下的孩子，由厚生勞動省管轄，而非法務省少年院。我的案件也是全國首例，所以沒有明確的標準。法務省的少年案件，在土師先生（一九九七年，神戶連續兒童殺傷事件的遺屬）等人的努力下，才一點一滴建立出公開資訊的流程，被害者才能知道更多的事情。厚勞省遲早也要這樣才對。

而且，不管資訊如何保密，總會有洩漏的時候。在這種情況下，厚勞省卻什麼都不告知遺屬，讓人很難接受。政府機關難道不明白這一點嗎？我在工作中看到的是，不可能長期保密。那麼，與其讓遺屬從第三者口中得知訊息，不如由相關人員親自告知。

因此，我正式向厚生勞動省申請公開資訊。我不是想了解那個孩子的隱私，而是想知道國家在她的更生教育上抱持的態度，我也是這樣告訴厚勞省。但自從那個孩子進入設施，厚勞省一次也沒有向遺屬提供過官方資訊，可能他們的真心話是「遺屬不要多管閒事」。作為受害者家屬，的確不甘心。

不過……如果問我想不想見她，我既想見又不想見，心情很矛盾。一方面，我覺得見了也無濟於事；另一方面，我又完全無法掌握她的狀況。如果她沒有意識到自己行為的嚴重性，心情上也沒有準備好要面對遺屬，見面便毫無意義。萬一見面後，她讓我驚訝地

「哎！」，也只是徒增我的負擔。

女兒不在的事實，已經讓我受盡折磨，如果她沒有任何改變，我會更痛苦。

或許未來我會萌生見她的心情，她也可能想來接觸我，到時候再考慮也不遲。

但是，經過一定的更生教育，出來的她已經是另一個人了。到那時，即使詢問她事發當時的情況，她可能也不記得了。以一個無關緊要之人的身分見她，到底算什麼？抱歉，我還無法整理好思緒。

什麼是賠償？什麼是救贖？

現在大家都在討論少年法的嚴懲化，但對我來說，我無法理解。至少我不清楚，嚴懲化對未來可能發生的案件是否能產生遏止的作用。從我的立場來看，作為人性的一部分，大家一般的思考方式是，我們需要某種形式的懲罰來彌補自己犯下的錯誤。那麼，什麼樣的懲罰才算合適？例如有人提到要「降低進少年院的年齡限制」，但我首先不明白，進少年院到底算不算一種懲罰。

最低度的懲罰，就像是小孩做錯事，會被輕輕打一下，但到底什麼樣的懲罰，才配得上殺人這種錯事？又具有什麼意義？這些我都搞不清楚。

……到頭來，還是得讓他們面對自己做的事。最後，當他們對受害者出現悼念之心，一切才可能開始。我是這樣覺得。但至於那個孩子，是否達到了這種心境，只有她自己才知道。即便她來道歉，說她現在有這種感受了，我也不知道真假。

所以，我不想對此抱有期待。如果我抱了期待，而對方的行為卻讓我感到「啊，不是這樣」，我又會再次感到被背叛。我不想再被背叛了。

她是否能真心贖罪並改過……這應該是加害者要背負的義務，與我無直接關係。所以，談不上原諒或不原諒。對我來說，這連問題都不是。

我也認為，我作為受害方，不應該去干涉她未來的人生。她只能靠自己思考，自己選擇生活方式。或許她的選擇會讓我不滿，但我想這就是現實。

對我來說，我想看到的是對方理解我們的痛苦。我只能這樣說。至於對方要怎麼做，我才能接受，我自己也不知道。我甚至覺得，不論她如何活下去，我都無法接受。畢竟我還沒那麼成熟。

換句話說，以現在社會對觸法少年的處理方式看，那個孩子如果想逃避自己的過去，也逃得掉。受害方雖然不甘心，但也只能接受。我不希望事情是這樣，但這是當前社會的共識。一味朝容易實施的嚴懲化方向走去，不能解決任何問題。

我想，那個孩子只要活著，也會有快樂和喜悅的時刻。我不想否定這些。雖然我希望她能背負過去，但也希望她能完成自己的人生。每當我被問及對她的想法，我總是自我矛盾。

如果在我臨終之際，能感受到那孩子也在哀悼怜美，那就夠了。我會一直抱持這樣的想法，直到生命的最後一刻。

若是過錯方做了什麼，讓人感覺不真心，雙方的關係大概就徹底破裂了。儘管如此，我們也無法干涉，或要求他們做些什麼。

有些受害者和加害者之間的關係，會因為喪失信賴而完全破裂。但是，看似斷開的關係，並未真正斷絕。受害方不會再主動聯繫加害者，但對加害者來說，事情不會因此結束。本來，他們就不被允許回到平靜的生活。

但這種想法也只能由對方自己體會，我們這邊怎麼想都沒用。你明白嗎？比方說，她也可以只是形式上來參拜、或在每月祭拜的日子到場等等，但對我來說都沒差。

說到底，對方得自己承受這一切活著。如果她選擇縱容自己、原諒自己，那我也只能認為「也就只能這樣了」。對我們來說這確實很難受。

……對方是否改過自新，我本來就沒有必要確認，或者說，也無法確認。畢竟我不是神，無法洞悉對方內心。即便她當著我的面哭泣道歉，也有可能只是一時。

我不想帶著懷疑活著，還不如從一開始就不抱期望、不要信任，對我來說這樣反而輕鬆。這是我目前的想法。

總之，那個孩子和她的家人能夠重新開始。我這邊卻無法重來，我永遠失去了。這一點，我希望他們能明白。當然，我也知道他們的平靜生活已經被打破了。

那孩子的父母應該也很辛苦，真的。但能夠重新來過，對他們來說算是一種「救贖」吧，雖然救贖的路上可能會布滿荊棘。

可是，這世上不是所有人都會排斥那個孩子和她的家人，他們或許會被接受，恢復正常的生活。

從這個角度想，受害方的「救贖」又是什麼呢？有人問我，若她真正改過自新，是否能救贖我？我現在無法這麼想。或許對我來說，救贖根本不存在。反過來說，完全是假設，如果那孩子再犯罪，我才會覺得自己不被救贖。雖然聽上去不太合理。

一直想這些事情，真的太痛苦了。平常我根本不去想她的事，盡量讓自己不想，這也是一種自我防衛機制。反而，經常是受害者這方想逃離一切。

所以，受害方選擇斷絕關係，我能理解，應該是積累種種情緒後才走到這一步。受害方不會期待有什麼救贖的，救贖不存在。畢竟打一開始，我就一直想著「為什麼怜美必須遭遇這種事？」

不過，這並不代表我希望那個孩子自殺，或成為其他犯罪的被害者。你問我是否希望她死？這問題未免也太殘忍。怎麼可能。我並不想讓她的家人和我一樣，經歷失去孩子的痛苦。

我希望那個孩子能活下去，承受一切。好好活著，承擔下來，不要逃避自己做過的事情。我明白，為了這個目標，需要先讓她的心靈成長起來。

當她真正面對自己所犯下的嚴重錯誤，她可能會感到「生無可戀」，但這對我來說，也不算什麼救贖。她只能活下去，用她的生活方式證明。

在人前「可以笑」嗎？

這件事在世間可能已經結束了，但對遺屬來說，卻一直是現在進行式。我身為父母，心中有一幅為女兒描繪的未來：談戀愛、結婚、生子等等。我一想到這些，就變得無所適從，所以盡量不去想。一旦陷入那無底沼澤，就什麼都無法做了。

案發後，隨著時間過去，我變得比以前能控制情緒。然而，想到女兒時的難受，以及回憶起她時的無法割捨，反而比事件剛發生時更強烈了。

也可能是我自己想太多？但在某個意義上，我也算是出名了。所以無論是在工作上還是私生活中，以前能輕鬆做到的事情，現在都變得困難了。

例如，我在大街上沒辦法像以前盡情玩樂，更極端說，我會思考「我在人前可以笑嗎」。「發生那樣的事，還笑嘻嘻的」也許會有人這麼想。要回到過去的普通生活，實在很艱難。

也正因如此，以前一直有一股強烈的心情，「**想找到『為什麼』的答案**」，現在也改變了。

我以自己的方式，重新審視這起事件，但在過程中我突然覺得：「啊，可能再深入下去，也找不到答案了。」就這樣，我冒出一個念頭：「唉，我終究不能理解。」

我的內心察覺到，即使再努力，我也不會明白的。況且，即便找到答案，怜美也不會回來了。把所有的精力都投注在這個問題上，雖非完全沒有意義，但我應該要轉換心情，把心思放在準備新生活，或許更好。

應該把注意力放在自己和家人身上，這就是我現在的心情。

第二部 之

身為加害者的父親

緊閉的窗簾

通往山頂的小徑兩旁，被鬱鬱蔥蔥的針葉林覆蓋。重重相連的樹木遮擋了陽光，即使是白天，路面也落下了深深的陰影。

從谷灣式海岸的佐世保灣，一路延伸而上的弓張岳。蜿蜒於山間的小路顯得荒涼，周圍不僅沒有便利商店，連傳統的小商店也看不到。若轉入岔道，便可見到為了避人耳目，零星坐落的愛情賓館。到了週末夜晚，飆車族追逐山路彎道聚集而來，引擎聲劃破了寧靜。這一帶遠離了悠閒的自然，被淒涼的風景包圍。

「無聊到要嘆息了，真想在山頂上大喊！」

加害女孩在部落格上寫道。她出生於這座山中的小村落，那裡是戰後由拓荒者開墾出來的農地。由於從山頂可以清楚看到進出佐世保港的軍艦，所以戰前那裡是禁入區。戰後，為了找尋少得可憐的土地，十多戶人家開始居住在這裡。

怜美和加害女孩就讀的大久保小學，是在弓張岳半山腰的斜坡上，強行挖掘山體建成的。幾乎所有的孩子，都是從市區出發，沿著陡坡爬去上學。但女孩所住的山村，比大久保小學還要再上去約三公里，要穿過雜木林才能抵達。那條幽暗的山道人跡罕至，對孩子來說步行十分艱難，因此女孩是少數幾位搭公車上學的學生之一。

每當發生少年案件，首先引起關注的就是加害者的家庭環境。貧困、虐待、成長環境、父母或兄弟姐妹的犯罪經歷……在許多案例中，家庭問題都在犯罪行為上留下陰影。

案件的溫床在家庭。於是，記者蜂擁至加害者家中。事件當天，媒體為搶得女孩家地址展開激烈競爭，我也是其中一員，四處打聽她的住所，但即便在住宅區到處奔走，我依然無法確定女孩的家在哪裡，因為沒想到竟然會在這麼偏僻的山裡。

不過到了事件當天夜晚，女孩家門前還是擠滿記者，各家媒體都找到了她的住處。為了直接接觸家屬，大群記者與主播一齊包圍了那棟小小的房子，現場人山人海。西裝筆挺的媒體陣容散發出異樣激情，與被寧靜夜色籠罩的山野格格不入。

加害女孩與父母及祖母同住。

但家裡靜得彷彿針落可聞。佐世保警署的訊問結束後，一臉憔悴的父親於當天深夜才回到家。等待已久的電視台燈光師，將燈光明晃晃地打在父親臉上，記者毫不留情將麥克風伸向他。

「請問您現在的心情？」

「請您說一句話，就一句話！」

彷彿有大訂單飛來的商人嘴臉中，攝影師的閃光燈在正前方猛烈閃爍。

只有父親的臉在黑暗中被燈光勾勒出來，但他緊閉雙唇，一言不發。

此後的日子裡，這樣的場景幾乎天天上演，但家人始終不回應採訪。

隨著一個月過去、兩個月過去，來訪的人逐漸減少。那家人住的獨棟宅邸，依然鋁合金窗緊閉，以厚重的窗簾遮擋，拒絕與外界接觸。其他記者透露，即使摁響門鈴，也無人應門。到了深夜，父親會開著一輛老舊的小轎車下山，購買日用品。

但即使雙親保持沉默，透過家事法院的判決通知書，社會也得知了這家人的狀況。媒體公布的這份通知書中寫到父母與女孩之間的關係，似乎頗具說服力。

「父母對女孩的關心不夠充分，他們的監護和養育態度影響了女孩的心理素質。」、「（父母的）情感交流不足，認為女兒是乖巧且不用操心的孩子，於是忽視了問題性」。

雖然住在同一個屋簷下，但父母的關心不夠，這種態度加重了女孩內心的問題。簡單來說，就是這樣。法院嚴厲批評了家長的育兒方式。

在那之後，父親同樣沒有在媒體面前開口，但媒體僅憑捕風捉影的周圍情報就進行報導，中傷他對案件也有責任，他甚至遭到週刊雜誌的突擊採訪，被強行引述發言，這些都使他如坐針氈。

或許這樣講有些粗暴，但對某些媒體而言，即使犯罪報導裡參雜了臆測的資訊也沒關係，「先搶先贏」、「寫者得勝」，真偽和內容則被排在了後面。

例如，媒體會把微不足道的插曲收集起來，再草率地揉在一塊，就成了陰森的異形故事。又或者，把受害者不甘的片段拼拼湊湊，最後編出一段悲慘的復仇物語。無論哪種，對於被推落谷底的人，媒體都是作壁上觀。這樣的報導空有氛圍，僅是空洞的社會正義罷了。

我沒有要偏袒加害者的意思，但對於這種報導方式，我內心難以釋然。話雖如此，我只是個菜鳥記者，也無法抗衡這股潮流。

躊躇的會面

我第一次拜訪女孩的家，是在事件發生半年後的冬天。少年審判已結束，當時女孩在「鬼怒川學院」生活。

從山腳下的佐世保分局開車過去大約十五分鐘，事實上，在這之前我也曾多次來到這棟房子。每當我開在蜿蜒陡峭的山路上，不停轉動方向盤，心情總是變得很沉重。

我猶豫著是否該摁下玄關門鈴，最後我會懷抱著鬱悶的心情折返下山，這樣的日子持續了好一陣子。我當時對於見女孩的父母感到膽怯。事發近半年，我才終於鼓起勇氣，準備當面交談。

晚上七點多，沒有路燈，寂靜無聲的村落被黑暗吞沒，只感覺到刺骨的冬日寒氣。要穿過山路旁的一小片田地，才能抵達女孩的家。荒廢的庭院長滿不知名的野草，窗戶依然被厚重的窗簾遮蓋住，但縫隙中透出些許的橘黃色光芒，似乎有人在家。我繞著屋簷，隱約聽到電視節目中傳來女歌手的歌聲。

「晚安。」

我摁下門鈴，戰戰兢兢開口問候。

就在那一刻，各種凌亂的思緒在我腦海中打轉。

女孩的父母是怎樣的人？如果他們知道我是御手洗先生的下屬，會怎麼想？我該說些什麼？他們是殺人孩子的父母，萬一我惹怒了他們，會不會提菜刀出來……

「請問是哪位？」

我聽到一道微弱的聲音，玄關的燈泡亮了起來。

拉門打開了約三十公分，露出穿著運動衣、小個子男性的臉。他是女孩的父親。

「外面冷，請進來吧。」

在我只表明了身分，語塞之際，父親意外地將我請進門內。

「那孩子的事是我的責任。我教養孩子的方式錯了。」

在我的茫然無措面前，父親擠出近乎悲鳴的聲音，突然開始懺悔。父親低垂著眼說，事件發生後，女孩一次也沒回過家，直接被送進了鬼怒川學院。家人也因此離散，其他家人搬到不會受媒體追逐的地方，目前這裡只有他獨自生活。

「事件發生後，有很多媒體來過，不僅有週刊雜誌和電視台的人，還有自稱自由記者的……電話也被打過好幾次，『您一定想看女兒吧？去鬼怒川的交通費，我們可以幫忙哦？』居然也有人想用金錢誘惑我。但我連御手洗先生的面都還沒見過，還沒親自道歉，所以我覺得現在不是說話的時候。」

女孩父親慢慢說著。這位四十多歲的男子，講話微微大舌頭，聲音略為尖銳，但對年輕的我依然使用敬語，顯得十分謙遜。不過，對於我這個突然造訪、來歷不明的人，他似乎也有些不安，有時他會游移視線，語速變得急促。

「有週刊記者一天竟然上門五、六次，還提出交換條件，『只要告訴我您女兒的情報……』最後他用『獨家！』的標題發表了文章，像是我說了一切似的，真是過分。不知道御手洗先生讀到會怎麼想……」

據女孩父親說，事件發生後，不僅是媒體，還有許多宗教人士也來到家中。他們以救助為餌，不停勸說這家人入教。

「真的有像媒體一樣多的宗教人士來了。不管是佛教、基督教，只要能救贖我們的，我都想依靠上去。如果可以的話，我真的是求之不得。但我知道，這是不可能的，我只能不斷憂愁下去。」

連宗教人士也無視隱私，蜂擁而至。儘管位置相反，這景象和被害者家的遭遇極其相似。只是，令人感到哀傷的是，再多的闔眼祝禱與祭拜，怜美也不會復活了。

加害者一方卻寄望於神，這未免太自私了。

我將腦海中浮現的想法壓了回去。

女孩父親有一些身體障礙。

根據他的自述，他出生在一個面太平洋的港口小鎮，十幾歲時前往東京發展，結識了來自佐世保的妻子，最終結婚。登記結婚後，他以入贅女婿的身分搬到佐世保居住，在市內的一家購物中心找到工作，過著簡樸的生活。然而，十一年前，他在工作中突發腦中風倒下。

從此，他的身體活動受限，家庭生活也受到影響。原本是全職家庭主婦的妻子，開始在市內的服裝店工作，而他則靠著做保險代理和毛巾配送的兼職工作維持生計。夫妻都要工作，忙於應付每日的生活開銷，甚至無法參加女兒的運動會。即便如此，事件發生時，家庭生活已逐漸穩定，雖然曾過得比較貧窮，但經濟上終於開始有了餘裕。

我們站在玄關，交談了大約三十分鐘。期間，父親並未試圖迴避我的問題，也沒有表現出憤怒的樣子。

此時正值晚餐時分。但除了我們兩人交談的聲音，與客廳傳來的電視喧鬧聲，四周萬籟俱寂。在一家團聚的時間裡，裸露的燈泡照亮著兩個男人，站著斷斷續續交談且時而語塞的模樣，場面顯得格外淒涼。

不知不覺，我們都沉默，並低下了頭。我把視線移向鞋櫃，看到一雙穿舊的紅色塑膠涼鞋整齊擺放在那裡。那是女孩的小鞋子，從案發當天起，就一直留在原位。

我向父親鞠躬道別，離開那裡。我恐怕再也無法鼓起勇氣造訪了。

徒勞的問答

在這之後，又過了半年多，我再次拜訪女孩父親。

「對方的家庭，應該很辛苦吧。」

身為受害者家屬的御手洗先生，竟冷不妨說出這樣的話，讓我大為驚愕。但不可思議地，女孩父親的臉卻浮現在我的腦海中。

於是在寫完地方版的小新聞，一有空閒時間，我便會獨自登上弓張岳。

我對公司隱瞞了這件事，若公司發現我與女孩父親見面，會馬上要我執筆寫報導。

置身於這個行業，能寫出獨家新聞無疑是莫大的榮耀，但這一次，我無論如何也提不起勁。

代替御手洗先生來任職的上司是小野英行分局長（一九八二年入社）。我只簡單對他說：「我去跑夜間採訪了。」對於我頻繁夜訪卻遲遲沒有回報成果，小野分局長一定感到納悶，但他沒有粗魯追問，而是愉快地默默支持我。

由於我只能在一天的工作結束後拜訪父親，所以見面總是在夜晚。

但因為他與家人分離，如今也是孤身一人，加上失去工作，孤零零住在獨棟房子裡，難以打發時間，所以他逐漸接受我作為聊天對象，開始回應我的閒聊，甚至談及了女兒。

「女兒出生時的情景，我至今無法忘記。當時真的很高興，真的非常高興。只是，在她出生不久，我卻得了病（腦中風）……妻子也因此開始工作，有一段時間是我在照顧孩子。

醫生曾說我再也無法康復，但多虧妻子的努力，我們勉強撐過這十年。我們還說過：『再努力十年，十年後生活就會輕鬆些吧。』」

正如御手洗先生認識女孩一樣，女孩的父親也知道怜美。

「我曾聽說她去怜美家玩。我當時想，女兒交到新朋友了呢。」

在幾次的會面後，父親開始主動談起自己的身世，也吐露了對女兒或對御手洗先生的情感。

「我有時會在電視上，看到全家人圍在一起吃飯的和樂場景。唉，如果我們女兒還在就好了，我總會不由自主這麼想。

可是，等一下……御手洗先生連這種事情都無法奢望了，我這才回過神來。於是，我又陷入茫然，不知道該怎麼辦才好。我這一生都會想這些吧，這個念頭將會一直伴隨著我。我覺得，是不是我的教育方式出了問題？我對所有事情都失去了自信。」

「為什麼在事情發生前，您沒有察覺呢？作為父親，您應該能阻止吧。」

面對他屢次自責的話語，我很難衡量其中的分量，便厚著臉皮追問下去。

「被問到這個問題，對不起，我實在無法回答。我聽到這樣的提問，就無法直視您的臉了……」

被質問時，父親沉默如緊閉的蚌殼，我也不清楚自己究竟想從他口中得到什麼樣的回答。如此徒勞無功的問與答一次又一次重複著。

家事法庭的判決通知書，嚴厲批判了家長對女兒的教養方式。然而，父親強烈反駁道：

「女兒小時候連夜哭也沒有，不太讓人操心。儘管如此，我從未忽視過她。我和妻子結縭二十五年，我曾動手打過太太一次，但我從未對女兒動過手。」

如同大家所知，少年犯罪的背景中，往往背後有父母虐待的情形。但對於虐待一事，父親堅決否認。事實上，在一年多的採訪過程中，我也完全沒有發現任何父母虐待女孩，對其施暴的跡象。

「因為我比妻子有更多時間待在家裡，比起其他父親更常與女兒相處。女兒回家大約是下午四點。小時候，放學回家後，她會坐在我的膝上和我聊天。當她考試得了一百分，我會說『真厲害，考了一百分啊』稱讚她，她會笑得很開心。

我通常在晚上十點多才會結束工作（配送毛巾）回家，但我都一定會打開她的房門，說聲『我回來了』。」

在談話中，他浮現出對女兒的深情。每當聽到這些，我的內心就會在反感與同情之間掙扎，無法理清自己的情緒。

「並不是所有犯錯孩子的父母，都不愛孩子。只是孩子會以為自己很孤獨，也有些孩子缺乏感受被愛的能力。」

我想起一位社工的話。

細繩

在佐世保事件中，即使少年審判已經結束，女兒進入了鬼怒川學院，父親仍每個月一次，寫信給御手洗先生。這些信件是通過律師轉交的，但御手洗先生表示「我擔心自己讀了會崩潰」，因此沒有拆開過信封。

「信是寫給御手洗先生的，所以有許多內容無法告訴您，但基本上是道歉信。寫的是關於女兒的事情，還有我自己的事情。我不知道該如何表達才好，但這一切都是我的錯，我必須不斷道歉。

寫信需要很大的勇氣，我非常害怕，因為一張信紙能夠看到一個人的本性。但我相信，未來我的女兒會說：『爸爸，我想見御手洗先生，想親自道歉。』到了那個時候，我可不能說：『抱歉，因為爸爸偷懶沒寫信，所以沒法見面。』那樣是最嚴重的『不孝順孩子』。」

在少年事件中，少年審判結束的瞬間，受害者家屬與加害方的聯繫往往會就此斷絕。

因為此前連接雙邊的司法程序已經結束，法律的守護者不再介入，之後的一切交由當事人自行處理，勉強連結兩方的細繩說斷就斷。

再加上，少年審判是非公開的，受害方本來就少有機會接觸加害方。如果加害者選擇逃避責任、放棄對受害者家屬表達誠意，想要逃脫的話，他們很容易就能徹底躲開。

這種自私行為不容於情理，會深深傷害到受害者家屬。至此，雙邊的關係便告終結。遺憾的是，這是許多少年事件典型的結局。

另一方面，不可忽視的事實是，加害方會被社會拋棄、失去工作、被迫搬離住處，導致家庭幾乎崩潰。他們在精神上和經濟上也被「逼到絕境」，這點無法否認。不過也可以說，加害方必須具備克服這些困境的人格素質。

但在這次的佐世保事件中，審判結束後，加害者與受害者之間的細繩離斷裂一步之遙，但還勉強維繫著。遺屬御手洗先生是一位不同於常人的寬宏大量之人，他甚至能體諒「對方家庭也很辛苦」。還有，律師的協助也功不可沒。

其中最引人矚目的，是加害女孩的代理人山元昭則律師。輔佐人的工作是支援審判程序、提供法律建議並保護委託人的權利。然而，山元律師更進一步考量了受害者家屬御手洗先生的心情，並找尋讓雙方保持聯繫的方法。

山元律師的事務所位於佐世保市，在審判結束後，他仍於公私上都支援著女孩的家庭。由於女孩父親的經濟狀況困難，所以這些支持都是無償的。

女孩父親回憶起事件發生後的情景，以及初次與山元律師見面的情形。

「一開始，律師問我：『爸爸，您有向對方道歉的心意嗎？』我原以為自己已經下定決心，但那天，身為加害者的父親，我在逃避與面對之間掙扎，真的僅在一念之間。如果當時我沒拜託律師的話……想到就毛骨悚然。」

當時，父親的腦海裡滿滿都是女兒的事，幾乎沒有餘裕想像御手洗先生的心情。

對此了然於心的山元律師，建議父親寫一封道歉信。同時，他也頻繁與御手洗先生的代理律師八尋光秀保持聯繫，以防止加害者與被害者家庭之間陷入無法挽回的關係。

實際上，身處案件的暴風中心，代理律師的導航方式，比想像得更重要。

「事件發生後，我已經被逼到極限。如果沒有山元律師他們的支持，我可能無法穿越擠滿媒體的玄關，前往女兒所在的觀護所；我也無法下定決心寫信給受害者家屬。

報導不斷出現，我自己也搞不清楚發生了什麼，心裡惶恐不安，總覺得一顆不存在的定時炸彈即將爆炸。這種時候，我會向山元律師傾訴，他讓我感覺『自己不是孤身一人』。」

有能夠信賴的守護者存在，或許成為了父親的心靈依靠。我見到他時，他是被憎恨、被疏遠、被社會孤立的加害者家屬形象，但從父親的話語中，我隱約感覺到，他開始產生出與以往形象稍有不同的姿態。

「御手洗先生不願意讀我的信，是因為我們的道歉還不夠。我會一直寫信下去。女兒有女兒的贖罪，而我也有我的贖罪。我們的罪是讓女兒做出了那種事情，這是我們必須贖的罪，因為那孩子也必須一生背負這個重擔。」

即使女兒做出了殘忍的事，但父親對我訴說，他對女兒的情感始終堅定不移。雖然他在認識怜美的我面前說起這些，還滿粗神經的，但比起那些因無法彌補的過錯，而恬不知恥地說「請判我孩子死刑」，或丟下一句「他不再是我的孩子」的父母，我覺得他還算正直。

儘管如此，除了與律師有聯繫外，父親被社會疏遠。

經濟上的困窘也是一個大問題。

在這個沒有娛樂的小城市，案件的流言會在瞬間傳開，父親無法重返保險業或毛巾配送的工作。在服裝店工作的母親也是一樣。

案件一發生，這個家庭就同時失去了所有工作，僅賴微薄的存款和身障補助度日。不要說賠償御手洗先生了，他們連生活費都沒有著落，日子過得捉襟見肘。

此外，他們與學校的聯繫也被切斷了。

佐世保事件的現場，發生在午後的教室。然而，校方完全沒有聯絡他們。學校裡發生了什麼事？「那一天」的女兒，狀況如何？之前在學校有無異常行為？父親完全不知道。

雖然從警方那裡聽聞了事情經過，但等到案發三天後，學校才聯絡他們。

「請來領取您女兒的私人物品。」

手機留言中出現一條訊息，要求他們去處理遺留在教室裡的女孩書包和文具。對學校來說，加害女孩已成為不可觸碰的禁忌。

被送入鬼怒川學院的女孩，儘管獲得了大久保小學校頒發的畢業證書，但也未曾收到任何來自學校的聯繫。

這起事件是小學生在校內引發的，但從頭到尾，學校和教育委員會對事件的處理態度都十分消極。

事件發生後，父親與女兒之間也漸行漸遠。因為鬼怒川學院限制了女孩的探視次數，父親每年僅能探視幾次。女孩在設施中的情況，即便是家長，也只能獲得有限的訊息。

兒童自立支援設施是孩子的避難所，所以無論外界說什麼，機構始終保持祕密原則。

事發後，加害者家屬處於社會環視之下，媒體的採訪壓力和宗教團體的勸誘源源不斷，儘管如此，父親還是一人留在了老家。父親說明理由：

「我不希望讓女兒覺得家人因她而分離。雖然我希望她反省自己的行為，但不想讓她覺得自己連累到父母。」

但坦白講，父親之所以會繼續住在老家，還有一個重大的原因，就是學校問題。

女孩是小學六年級生。應該還在背書包的年紀，卻被送進國立「鬼怒川學院」，確實是非常罕見的情況。在這個牢籠中，具有教師資格的職員，會一對一指導女孩學習數學和理科。三月時，也舉辦了一場只有她一人的畢業典禮。女孩將齊肩長髮綁起來，穿著水手服參加了典禮。

可是，真正的問題在這之後。

升上中學的女孩，進入了設施內的中學。在鬼怒川學院附近，有一間櫻市立氏家中學，設有「卯花分教室」，約有二十名的中學女學生在此就讀。

考量到案件的嚴重性，女孩大概會在這個分校完成義務教育。

但對女孩的未來而言，如果中學畢業證書上寫著「卯花分教室畢業」，實在不合適，這無異於掛上「我來自設施機構」的名牌。讓人知道她畢業的學校，對她十分不利。

因此，按照慣例，該設施會將入所者的學籍設置在其父母戶籍所在地的中學裡。父親為了讓女孩的學籍留在佐世保，所以選擇留在當地。他說，即便家人連夜逃離了故鄉，他也希望至少，女兒能與小學同學們一起畢業。

遺屬和鄰人

在多次的夜間會面中，我感受到父親的心情擺動。他的情緒變得不穩定，有時說話會突然從敬語轉為隨意，相反的情況也經常發生。

不穩定的，不僅僅是他的說話方式。

「請讓我們過上正常的生活吧。」

結束了漫長的談話，我正要回去，他忽然向我下跪懇求。

過了不久，他又會說：

「前些日子提到『正常的生活』什麼的，真是抱歉。遺屬那麼痛苦，我這樣說太不識相了。」

他再次向我低下頭，額頭幾乎要碰到榻榻米。

背負無法赦免的罪，恐怕不是一件容易的事。父親與世隔絕，甚至無法找到傾訴的對象。

「拜託了，發個郵件給我吧。」

據說他會這樣央求為數不多，在事發後仍未斷絕關係的朋友。

與女孩父親見面，也讓我不得不面對自己的軟弱。對話中，不可避免，一定會出現御手洗先生和怜美的話題。父親也渴望聽到這些消息。

隨著時間流逝，父親真切感受到我與御手洗先生的關係，而我卻開始迷失了自己的位置。

在事件初期，我深信自己的心情等同於遺屬的心情。感情上我是受害者的親友，但另一邊我也有對工作的熱情，這兩者的不合，正是我巨大壓力的來源。可是，當女孩父親向我道歉，我卻全身都感到不對勁，「我不應在被道歉的位置上」。加害方深深鞠躬時，我更加清楚認知到現實，我只是這起事件的「旁觀者」。

畢竟，御手洗先生害怕與加害方見面自己會崩潰，我卻頻繁與加害方碰面。我已經越過了身為遺屬，絕對無法跨越的界線。

每次拜訪，女孩父親都會在玄關或客廳招待我喝茶。若我沒碰桌上的綠茶或點心，他都會顯得十分在意。但我總裝作若無其事，不動那杯茶。一旦我接受了對方的茶水款待，我的感覺就像是背叛了御手洗先生。

只是，在面對父親的過程，我漸漸爲我們的關係感到窒息。既然我並非遺屬，卻始終保持頑固，這或許是我的傲慢。

最終，我再也無法一味拒絕。我開始接受他的茶水，潤一潤喉嚨。我與女孩父親的聯繫愈來愈緊密，我心中的困惑也在不斷擴大。

「御手洗先生對我女兒的改過自新並不在意嗎？即使如此，我的心意不會改變。」

父親滿懷期望地望著我，我卻絞盡腦汁找不到答案。說到底，其實我並沒有資格回答這個問題。

在職場與家庭複合的小型分局裡，我與御手洗先生一起工作，共度時光。即便如此，血親和鄰居之間，還是有深刻的隔閡，我卻粗枝大葉地以為自己與遺屬同心同體，這種想法厚顏無恥。

結果女孩父親的存在，將我與御手洗先生之間攤著的事實展現了出來。

那天，我的女兒

每次見面，我的心情都會變得沉重。既然如此，我為什麼要與女孩父親見面呢？他，以及在那之中朦朧不清的女孩輪廓，我在追求什麼呢？

我甚至完全不知道，我想要什麼樣的結局，或者我在抗拒什麼。

夜深人靜，我避人耳目，拜訪了山中的父親家。起初，我們都避免觸及核心的話題。但我心中也漸漸產生一股強烈的想法：總有一天，必須切入事件的主題。

「一旦開始說起，所有的話都會變成藉口。」

每當我試著提起，父親總是如此回應。

然而，時間會緩緩消融人與人之間的關係。當千篇一律的寒暄結束，失去能接話的內容後，父親逐漸透露出從「加害方」看到的真相。

「關於您女兒的事情……」

事件發生後，父親第一次見到女兒，是當他被電話傳喚到佐世保警署時。他看到女兒在警察的自願訊問中嘛嘴的身影，他不敢相信自己的眼睛。

父親聆聽著警察製作的筆錄，需要按指紋時，女兒也不願意看向他。父親始終對這部分感到困惑。他們共同度過了十一年，他卻無法理解女兒臉上的表情意味著什麼。他不知道該如何理解這一切。

「真的是我女兒做的嗎？我無法相信。」

聽到案件內容時，外界都感到震驚，父母的心情更是難以形容。女兒甚至不願意瞄在旁的父親一眼，父親也找不到合適的話開口。面對迷惘不已的父親，警察的宣告更是毫不留情。

「警察清楚對我說：『您可能無法相信是您女兒做的，但這次的事件，百分之九十九沒錯。』就像是在對我說，別再掙扎了，認命吧。」

之後，父親從警察那裡，詳細聽取了事件經過，一切都像是天降噩耗。但警察說明的案件內容，不僅按照時序，每個細節也都非常具體，不像是杜撰的故事。身為女孩的監護人，父親在愕然中簽署了筆錄。這期間，女兒幾乎沒有與他對視。

「律師問我：『您知道她為何會做出這樣的事情嗎？』這問題讓我非常困惑。我完全無法理解。」

案發當時，女孩沉迷電腦的程度，引發社會一片譁然。她深陷於網路世界，甚至進入了成年人也不敢輕易涉足的駭人網站。難道家長毫無所覺嗎？

「能來看看我們家的客廳嗎……」

在他的催促下，我踏進了客廳，裡面並排放著兩台電腦。

「這台是我用的，那台是孩子的電腦。我在工作中也會使用電腦，所以才分開來，各自用自己的。」

孩子用的電腦中，頻繁出現訪問靈異網站的瀏覽紀錄，文件夾裡還有她二創的《大逃殺》小說。女孩那扭曲的熱情，徹底體現在這台電腦裡。

「我從未擅自打開過孩子的電腦，也沒有在她使用時偷看。如果她不滿地說：『不要看啦，爸爸。』我就會覺得難受。作為父母，總能找出很多牽強的理由。我事後也想了很多，想說如果當時怎樣就好了。」

父親也承認，女兒曾在錄影帶出租店「TSUTAYA」，借出限制十五歲以上才能觀看的電影《大逃殺》。

「我當時也在旁邊，我對她說：『妳不能看這個。』但沒有強硬阻止她。」

讓女孩退出籃球社的理由也頗為諷刺。

女孩在校外，唯一能與同班同學保持聯繫的場合就是籃球社。當她與朋友一起打最喜歡的籃球時，彷彿就是一位健全的小學生。

但女孩卻在五年級的冬天，退出了籃球社。

她曾告訴班導師：

「如果考試成績下降，父母就會讓我退社。」

離開了互相鼓勵、快樂練球的朋友，女孩退出了朋友圈，孤零零乘坐公車返回深山的家中。據籃球社相關人士所述，自從退出籃球社，女孩瞬間失去了活力。

與夥伴們身體碰撞，追逐籃球，奔跑嬉笑等等，這種親密交流被剝奪後，女孩與同學們維持聯繫的方式，只剩下支持基礎薄弱的網路和交換日記。

雖然與案件並沒有直接的因果關係，但要了解女孩內心的世界，退出籃球社的經過一直是大家關注的焦點。事件發生半年後，長崎縣教育委員會整理出一份佐世保事件的「調查報告書」。

「可以看出，家庭的教育方針很重視學業成績的提升。」

「讓加害兒童專注於學業，可能是退社的主要原因。父親的意志很強烈。」

報告書提及女孩退社的經過，批判父母的教養方針。最後更指出：

「加害兒童並非心甘情願退出迷你籃球社。因此，可以充分推測，她懊惱於無法實現想做的事情，退社對她的心理產生了負面影響。」

報告書公布後，指責父母的教育方式只偏重成績的批判聲浪高漲。但是，這份縣教育委員會的報告書令人髮指。因為它在「根據訪談分析」的環節中，把家長當作攻擊的對象，卻完全沒有從當事人那裡收集任何資訊。他們僅僅採訪了周圍的人，如老師或孩童，卻沒有嘗試接觸加害者的家屬，彷彿他們就是個瘡疤。

僅憑整理二手、三手資訊，就做出「教養失敗」的結論。

但是……

「新聞報導說我想讓女兒進入佐世保北中學（升學導向的完全中學），但我完全沒這樣想過。我的教育方針只有成績好就稱讚她。無論是學業還是運動，只要她努力就好。」

父親對於錯誤的報告書與一系列的報導感到疑惑。事實上，退社的理由完全不同。

「每週一、三、五的放學後，以及週末都要練習，大約兩個小時。我們是雙薪家庭，無法每次都接送她。但我們也很難以這個理由，讓我家小孩中途離開，畢竟大家為了勝利一直在進行嚴格的訓練。」

女孩退社是在十二月，正值寒冬。回家的路上冷冷清清，針葉樹的枝椏交錯覆蓋，繁複又茂密，路燈稀疏，幾乎沒有車輛經過。日落得早，夜晚的黑暗加速來臨，遮蔽了視野。

「平日的練習結束時，已經超過傍晚六點了。這樣一來，只能搭末班車回家。但我希望她至少搭上前一班公車，女孩子不能那麼晚一個人走在夜路上。」

公車行駛在乘客稀少的虧損路線上，往家的路程中一片漆黑，只有公車的大燈稍微照亮了山路。父親考量到逐漸成長中女兒的安全，才催促她退社，也是用心良苦。然而，這卻讓女孩迷失在錯誤的方向。

「在觀護所見面時，她對我說：『我想繼續打籃球。』我應該讓她繼續打才對。也許這麼說有點草率，但如果她繼續打籃球，還會發生這麼嚴重的事嗎？」

我找不到適當的詞語回應，只能沉默不語。

「《智善，我愛你》，您知道這本書嗎？」

耳邊響起我從未聽過的書名。

《智善，我愛你》是由韓國人李智善所寫的自傳，這是一本非虛構作品，記錄一位因捲入酒駕事故而四肢癱瘓的女大學生智善，在家人的愛的包圍中，找到重生的希望，進而復原的故事。

父親將自己的身障經歷投射到了故事上，所以對這本書的日文譯本產生了興趣，也希望女兒讀一讀。

「我也想看這本書，所以我問女兒：『有這樣的一本書，妳想看嗎？』結果她笑著回答道：『嗯。』我就在亞馬遜上下了訂單，這大概是案發的四、五天前吧。案發的前一晚，我收到『書已寄出』的郵件，我告訴女兒時，她還微笑著點頭……」

話說到這裡，父親再也無法說下去。就在同一個夜晚，女孩悄悄打開了電腦，用網路搜尋虐殺的網站，尋找殺害怜美的方法。

「被警察傳喚到佐世保署時，我一直在想，『曾經微笑著說，想看那本書的女兒，為什麼會做出那樣的事情呢？』很抱歉，但為什麼會變這樣，我真的不知道。」

父親的話變得斷斷續續。

看著他垂頭喪氣的樣子，我明白他已經無話可說了。

在這類案件中，人們總是會用整理好的語言去描述「為什麼」。如果結局合理、邏輯順暢，就能讓人被說服。但無論我詢問御手洗先生、還是詢問女孩的父親，我們愈是想切入核心，「為什麼」就愈模糊地散開。

一定是我們在找尋「為什麼」的過程中，揮棒落空。

即便我們去女孩的內心找尋「為什麼」或「黑暗」，結果也會像玩俄羅斯娃娃一樣，始終無法抵達核心吧。

我準備告別時，父親在玄關口低聲說道。

「雖然每天的生活都很忙碌，但我應該要多花點心思，配合孩子的腳步。以前就算有時間，心情上也沒有餘裕。她這十一年來，也是我回歸社會的過程，是一樣的時間。或許是我連累了孩子，我感到很抱歉。」

父親深深鞠躬。

那成了最後的告別。

隨後，女孩父親在留下戶籍的情況下，離開了這個地方。因為眾所皆知他是「那起事件」的父母，所以他在當地找不到工作，生活變得無法維持。

如今，他家的庭院裡野草叢生，無人再踏足，玄關拉門上爬滿了蔓草。搬走之後，父親仍持續寫信給御手洗先生。

回顧往事，每當我到訪時，父親總會邀請我至客廳，那裡整齊地擺放著女孩喜歡的兒童錄影帶，像是吉卜力工作室的《心之谷》和受歡迎的動畫《名偵探柯南》等等。

唯有一次，父親讓我看女孩的房間。房間位於父母臥室的隔壁，六塊榻榻米大小。裡面有木紋風的衣櫥和書桌，書桌上掛著一個小包包。

我把目光轉向床鋪，發現一個 Hello Kitty 布偶正靜靜望著我。

這隻白色小貓失去了迷失在幻想世界中的主人，不知它作何感想？過度傷感的想法，一直縈繞在我的心頭，揮之不去。

• • •

就這樣，我把父親的悔恨寫成了一篇小小的報導，並在女兒退出籃球社的插曲旁，附上一張公車行駛在黑暗山路上的照片。

「川名，幹得不錯。」白神先生從大阪總公司打來了慰勞電話。白神先生難得帶著感慨的語氣，連續說了好幾次：「做得不錯，做得不錯。」

在取得女孩父親和御手洗先生的同意後，我寫下的那篇報導，稍微減輕了我心中無法擺脫的惆悵，我差不多感到滿足了。

但就在這時候，在記者同事的聚會上，我後面的桌子傳來前輩的聲音，隔著背，我聽見他說：

「以『扮家家酒』來說，算是很不錯吧。」

這是一場同行的酒局，不是什麼表揚大會，但前輩以我的報導為談資配酒。雖然他對我這菜鳥工作的形容很獨特，一瞬間，我以為自己被稱讚了，心裡還有些高興。

可是……前輩的話斷斷續續地傳來。

「搞得這麼複雜，一開始就明擺著的事。這樣的案件怎麼可能會沒有『為什麼』……不過呢，把老爹說服了……『極品的獨家到手』……真是了不起的美談啊。」

喝醉的前輩，最終轉向了其他話題。他自始至終情緒高昂，顯然並無惡意。正因如此，他這番在酒局的真心話，給我半吊子的自我滿足，澆了一盆冷水。

不過如此。結果，我也只是想藉由整齊漂亮的文字，將一切巧妙收尾罷了。因為我找不到結束的方式，所以我反覆將重點塗在那無謂的追尋「為什麼」上面，僅是這樣。即使到了這一刻，我依然深陷泥沼之中。完成報導後的安心感瞬間萎縮，取而代之的是一片冰冷的感受，如水滴般沉入我的內心深處。

對我來說，「寫出真相」到底是什麼？

我真正渴望知道，卻無法觸及的前方。

誰也無法填補的失落彼岸。

尚未寫出的，切開會像血一樣噴出，用肉身文字刻畫的報導。

當時十四歲的少年，無視總是軟弱的我，無聲飛躍。

第二部之

身為被害者的哥哥

我與妹妹

搬到佐世保是在我上國一的時候，正好趕上入學典禮。在那之前，我們一直住在長崎。那時候，大哥已經去了德島讀大學，所以身為次子的我、怜美和「老媽」（兄妹給外婆的暱稱）一起生活。

母親是我們還在長崎時去世的，因為乳癌。那時是秋天，怜美小學三年級，我則是六年級，也就是在搬到佐世保的半年前。從我上小二開始，她就不斷進出醫院，持續了五年，所以我們和老媽（外婆）一起生活。

搬到佐世保之前，父親獨自在外地工作，所以他基本上不存在，不在家是常態。來到佐世保後，才開始了我、父親、怜美三人一起生活的日子。我也好、怜美也好，都是從那時開始，才終於與父親說到話。

我覺得，相比其他家庭的兄妹，我和怜美的感情更加親密，我們有很多共同的話題。她經常聊學校的事情，而我負責傾聽。我們兩個都喜歡玩電腦，我還幫怜美製作了她的個人網站。我們一起看漫畫、玩遊戲，總是聊個不停。

發生那件事情時，我國三，十四歲。

我反而哭不出來

我清楚記得發生事情的那天。不如說，當天的記憶鮮明，但之後的一整個月都記不太清楚。從事件發生的當天，到後面的兩、三天內，我都記得特別清楚。

早上和往常一樣，沒有什麼特別讓人印象深刻的事情。我比怜美更早去學校，大概在八點之前，甚至可能更早。我早上七點起床，吃飯、換衣服，然後就馬上出門了。我會早點去教室看書。

所以我們的最後一次對話，是我對怜美說：「我出門了。」然後她回我：「路上小心。」僅此而已。

接著，第五節課突然變成自習課。大概是因為發生事情了吧。當時班上還沒有人知道發生了什麼事，同學還在嘰嘰喳喳聊天，就像平常的自習課一樣。

班導突然說：「御手洗，校長找你。」全班瞬間騷動，隨後又安靜了下來。一開始我還想說：「我做了什麼壞事？」有個同學大聲說：「御手洗，你幹了什麼？」我還笑著回他：「我什麼都沒做啦！」此時我們都還在開玩笑。

老師默默帶我去學生輔導室。我們的班導是位男老師，他的神情明顯緊繃，讓我覺得有些奇怪，他看起來像是不想叫我來的樣子。

學生輔導室裡面還有一個房間，叫做談話室。那裡面的空間很小，像是把六疊大和八疊大的空間合在一起，沒有窗戶。日光燈亮著，氣氛壓抑，顯得有些昏暗。

老師讓我坐在沙發上，我兩旁坐著一年級時的女班導師和籃球社的顧問老師。隔著桌子的對面沙發上，則坐著校長、副校長、輔導老師。我的班導就站在旁邊，門口還站著幾位老師，與我有關的人全部到齊了。但是，大家都沉默不語。我心想：「這麼多人圍著，到底要幹嘛？」

總之，坐下後，有人默默遞給我網上速報的新聞稿，是「Yahoo！新聞」的列印稿，對我說：「看看這個。」然後嘆了一聲。

那是一篇下午一點多的報導。怜美的名字已經公開了，但兇手的名字並未出現，上面只寫了怜美去世的消息。

大家一個勁地對視，什麼也說不出來，我和他們都不知道該說些什麼才好。周圍的人陷入了一片茫然，不知道該如何向我開口，我自己也找不到合適的話語，只能不安地左顧右盼，我心想，「我該怎麼接受這一切？」

老師們應該也完全沒有掌握情報，所以什麼解釋都沒有。

我問：「是誰做的？」老師回答說：「還不知道」、「你不用在意這個」，但我還是不斷地想著，到底是誰呢、到底是誰呢……如果是怜美的同學，只要說名字，我立刻就會知道。

我無法忍受大家一言不發的氣氛，我想著，「總之，先喘口氣」。於是我去了洗手間，用力洗了洗臉。我心想，「真不想再回到那裡（談話室）」、「還是待在教室比較輕鬆吧」。我甚至覺得回到教室跟朋友聊天都比較好。

比起對事件的現實感，學校老師的氣氛更讓我感到恐懼。雖然我知道，沒有人懂該怎麼開口安慰，但我只想著要離開那個地方。不過，因為事件的緣故，學校緊急集合，班上的同學都要回家了。就算同學都還在，我回到教室裡，也會給大家帶來困擾……

從洗手間回去的時候，我在走廊上與另一位老師擦肩而過，那老師看到我的臉便哭了出來。老師們的情緒比我更豐沛，談話室裡，那位女老師也在哭泣。

談話室裡幾乎沒有人開口說話。突然，社團顧問老師對我說：「上次在回家路上買飲料的事，對你發火了，對不起。」就在事件發生前不久，我在社團活動結束後，買了點零食，結果被老師罵了一句：「你這混蛋。」可能是因為此刻他不知道該說些什麼吧？我心想，「你現在說這些也沒意義」，但周圍的人也覺得窒息吧。房間又小，我也一言不發，氣氛詭異。

國一時擔任我班導的女老師，一直緊握著我的手，對我說：「哭出來也沒關係。」但我完全不理解事情的來龍去脈，根本沒到能哭出來的地步。

這件事確實值得流淚，但對我而言，離「接受」還差一點，我還沒完全消化，情緒自然表達不出來，更談不上哭泣。

我在那裡待了大約兩個小時，直到警察來。早上對我說「路上小心」的妹妹，名字為什麼會出現在新聞裡？在學校的時候，我尚未感到心神動搖，因為還不覺得這是真的。

後來，一輛拉上窗簾的佐世保警署的車來了，載我去父親所在的「弓張之丘飯店」，就在附近。

大概是下午四、五點，已接近傍晚，但外面還很亮。警察聚集在大廳的前台附近，在那裡我見到了父親，這才終於感到事情有些真實。

父親在哭……我反而哭不出來。看到父親哭得那麼傷心，我覺得自己不能哭。這可能和我的性格有關，我本來就不擅長流露感情，也不擅長哭泣。

上次看到父親哭，還是母親過世的時候。那時也好、這次也好，我都很難說出什麼安慰的話。

接到通知的老媽也馬上趕了過來，然後我們一起前往大村市（長崎縣）的老媽家。因為無法回到分局（三樓的住家），所以先去了大村。

深夜時，大哥與我們會合。據說他是在大學校園裡，從當時的女朋友那裡聽到的。「電視上出現了『御手洗』的名字，這難道不是你妹妹嗎？」聽到這話，他立刻趕了回來。

我們到大村的時間，是晚上九點或十點，當時遺體還沒送到。我在深夜才見到怜美的遺體。我總覺得，若非親眼見到她，不然我不會承認。

當與遺體面對面，我第一次流下了眼淚。內心受到了巨大衝擊，完全無法言語。那一刻，我才終於湧上「怜美已經死了」的情緒。

我看到她的遺體，雖然心中無比悲痛，但首先想到的是「啊，她的臉很乾淨」，和母親去世時的情景一樣。實際上，遺體經過司法解剖後，會先被處理過，所以怜美脖子上的傷口經過縫合，痕跡也被掩蓋住。怜美躺在棺木中，身邊擺滿了花朵，脖子周圍也放了很多花，應該是用來遮蓋傷口和縫合痕跡的。

一旁的哥哥和父親嚎啕大哭。

我壓抑著聲音在哭泣。

母親過世時，我也是等到剩自己一個人，才哭了出來。醫生宣告「已經離世」時，周圍的人都在哭，而我則走出了病房，因為我覺得自己已和母親說了告別的話。然後我就在沒人的大廳裡獨自哭泣，我不喜歡在人前哭泣，說是笨拙也可以。

在這之前，我完全沒有看事件的相關新聞。直到到了大村，我才知道事件的概要。在大村，父親把我叫到二樓，告訴了我加害者是誰。「啊，嗯，這樣啊」，我沒有感到憤怒。我當時已經看過遺體，正試圖讓自己接受這個事實。我當下只是模模糊糊想著，「接下來會怎麼樣呢？」

之後，我在大村待了一段時間，然後回到了分局（三樓的家）。但這段時間的記憶非常模糊，感覺少了一塊，清晰的部分與模糊的片段混雜在了一起。

怜美去世後，父親變成了我從未見過的樣子，但我只能忍受。

看到他那樣子，比起「自己未來會怎麼樣」，我更擔心「父親會變成什麼樣子」。我甚至擔心他會「跟隨怜美而去」。

起初在飯店見到他時，他的眼神完全失焦，根本不知道有沒有在看我，整個人了無生氣。雖然他在媒體面前，貌似正常地召開了遺屬記者會，但在我們面前就是那種感覺，完全不像正常人。

因此，我反倒變得極端冷靜，心裡想著「接下來該怎麼辦」。從在飯店見到父親的那一刻，我便扼殺了自己的情感。

但沒有人察覺到我當時的心情，大家的注意力都集中在父親身上了。

所以我把一切都悶在心裡，從未向他人傾訴過。

雖然父親很忙，但我卻什麼事也沒有，我和周圍的人搭話，回應卻很冷淡。我也曾想過，「有誰可以跟我聊聊嗎？要不要聯絡朋友？」但對方會很困擾吧。

我和父親兩人在一起的時候，他的狀況很糟。他幾乎魂不守舍，要等到我開口，他才會注意到我。我想，那段時間的父親，幾乎沒有意識到我的存在。

現在回想起來，我當時才十四歲。還是個孩子，只是個小鬼頭，但我卻過早變成了大人。我看著父親，我深信自己「不能再增加他的負擔」，因此變得異常冷靜，沒辦法表現出慌亂的樣子。

只有我知道

我很早以前就認識那個孩子了。我們說過很多次話，也一起玩過。

我想，最早的記憶是剛搬來佐世保的時候，在怜美小四的運動會上，我們在那裡見過面。我是家裡的「攝影負責人」，每年都會去運動會。我也很喜歡攝影。

和怜美同年級的女生有二十位，我很快就記住了她們的長相和名字。

那孩子就是很普通的孩子。在我印象裡，她是個「好孩子」。她和我處得很好，來我們家玩的時候，我們也會一起玩。

我在家裡見過她一、兩次吧。我們話題合得來，也互動得不錯。怜美有很多朋友來我們家裡玩過，所以我記不清楚每個人和我聊了什麼，不過我記得和她聊過遊戲的話題。是的，我們也一起玩過對戰遊戲，像GameCube的《任天堂明星大亂鬥DX》等等。

所以在事件發生的前兩天，運動會上，我也見到了她。我記得我正在攝影，她跑來戲弄我。她笑嘻嘻地拍了我的頭，就逃走了，我也追了過去。我那時不覺得她和怜美之間有什麼奇怪的氛圍，可能女孩子會隱藏這些心事吧。

怜美班上的女生都會這樣對我惡作劇，因為她們都知道我是怜美的哥哥。運動會當天早上，我一到場，她們就已經在操場上跑來跑去了，還幫我占了位置。她應該也是其中一位。

不過，當我在學校，別人遞給我報導的影本時，腦中我的確閃過「會是她嗎？」雖然沒有明確的證據。我當時表面上在發呆，但腦子裡全是這些念頭。

你問為什麼？也沒什麼，因為我知道她們吵過架，怜美曾對我說過。怜美遇到這類的麻煩時，會找我宣洩不滿。

我也知道女孩會用電腦寫二創的《大逃殺》小說，這是怜美告訴我的。怜美驚訝地說：「她會用電腦架設網站，在上面發表小說，居然是這麼有才華的孩子！」我也看了，然後「哦——」了聲。

怜美和她的關係不差，頂多是吵架，但也會和好。

因為認識她，所以在得知是她做的以後，我不知道該如何反應。如果是陌生人，我大概能痛快宣洩情緒，但因為是認識的人，我只能想，「嗯……我該怎麼做才好？」

我最早有印象的爭執，是關於籃球的事。大久保小學籃球社的水準很高，訓練相當嚴格。當時女孩被說不認真、不好好練習之類的。

但那些話不是針對她一個人講的，而是對團體裡面幾個人說的，並且是程度很輕微的抱怨。她們也很快就和好了。

怜美和她之間真正產生問題，大概是在案發前的一、兩個月。我也是聽怜美說的，像是交換日記的糾紛，或是她的個人網站被對方擅自進入並篡改的事情。

怜美還向我詢問：「該怎麼辦才好？」她平時是自己解決事情的人，所以她應該真的很困擾。不過，她應該也想，「不想讓爸爸知道」，因為她不想讓爸爸擔心。這方面很符合她的個性。

總之，我當時說：「誰會交換密碼？快把密碼改了吧。」如果雙方都能進入對方的網站，難怪會出問題。記得我是這麼對她說的。

不過，我最後也不太知道該給出什麼建議，於是我對她說：「去找老師吧。」結果，她好像也沒去找老師諮詢。

所以，對於網路的糾紛，早在事件發生之前，我就已經聽怜美提過幾次。我對自己感到生氣，我心想「果然原因就是這個」。網路糾紛和交換日記的事，我都知道，連NEXT的事情也是，新聞報導的那些內容，我全都知道。

怜美從來不會刪除網頁瀏覽紀錄，所以她在網上做了什麼，我一目了然。不過，就算我想要說出這些事，警察或家事法院，也沒有人來找我談話。如果有人問起，我一定會好好說明的，這樣也有助於我整理自己的心情，我其實也想說出來。

但是，周圍的人只專注於幫我安排好生活。雖然我心想「生活再井然有序，也無法解決問題」。

我覺得她們兩人最後都積累了許多情緒。她們也會在別的孩子看不見的地方發生口角，彼此質問：「為什麼要做這種事？」說到底，就是小孩子的吵架。她們對立好長一段時間了，要好的孩子或許察覺到了，但我想大人應該沒有發現。就算是小孩子，也很擅長切換情緒。

有些糾紛，有大人介入的話比較容易解決，我覺得她們的糾紛也屬於這種類型，但怜美應該沒找大人商量過。

只是，這種程度的糾紛，每個人都會遇到，所以我也沒想得太嚴重。吵架的事，父親和學校老師都不知道，只有我知道，所以當我聽到是誰做的時候，我馬上就想到「啊，她們不是在吵架嗎」，我的感覺是「結果，真的走到這一步了」。我明明知道，卻沒能阻止，我非常後悔。如果我完全不知情，另當別論，但正因為我知情，才會覺得「真的有嚴重到要這樣做嗎」。

最大的問題在於，兩人看起來像是和好了，我聽說她們暫且和解了，但只是表面上。她們沒有再深入交流過，然後積累的情緒在某個階段徹底爆發。

因為是女孩子之間的事，所以我也很難多問。如果她說：「你是男生，男生不會懂。」我就沒話說了。不過她把無法對大人或同學說的事情告訴了我，我想她也知道我不會對別人說吧。只要能讓妹妹平靜一點，我就聽她說。

我總覺得，等她再成熟一點，有朝一日就不會再向我傾訴了。我心想，「現在她還是小學生，所以會把什麼都說給我聽」，我是她的聊天對象。如果母親還在，這些內容，她就會和母親說了吧。

沒有尖叫的地方

事件發生後，我在大村待了一陣子，六月和七月都沒去學校。因為外面有媒體，所以我被告知不要外出，不知不覺，我在家裡窩了大約五十天。接著，就直接進入了暑假。

從大村回到佐世保時，我決定不再多想，「不管加害人是誰，怜美都不在了」。此刻，我試著把案件畫上句點，接受這個事實。

暑假期間，我只參加了社團活動，到了第二學期才回到學校。

我還是很在意考試的事情。雖然升學考試在即，但看著父親的狀態，我知道我可能會轉學。也因為父親是這種狀態，如果要搬家，我不可能一個人留下，只能跟他走。

所以我當時已經做好要搬去其他縣市的覺悟。我變得過於成熟，哈哈，真不像小孩。如果當時有機會跟父親好好聊聊，也許情況會不一樣，但我和父親，僅是生活在一起，從不曾談過這起事件。

回到學校，我對朋友說：「請像往常一樣對我。」朋友們也很快照做。他們總是試著讓我開心，我也就順著他們的意。住回分局時，朋友也聯絡我：「一起去玩吧。」這讓我很高興。我們一起去看木下馬戲團，也去遊樂中心玩，還在電影院看了《惡靈古堡》。

事實上，朋友們也曾相當煩惱。後來班導才告訴我，他們曾向班導詢問道：「我們該怎麼做才好？」真是一群好人。

回到學校，我原本以為「會有人跟我聊這件事」，像是校長或班導師等等，但沒有人提起。我記得我有些失望，心想「啊，大家都不聽我說」。學校也有心理輔導人員，但從來沒有人問過我關於案件的事。大人大概是想，「提這件事，顯得很不識相」。

我知道怜美的同班同學有臨床心理師照顧，但不知為何我卻沒有，我猜他們是在靜觀其變。但我裝出一副平靜的樣子，不代表我就不會瘋掉，只是沒有場合讓我表現出來罷了。

確實，在生活方面，得到最多支持的是我。我知道這一點。不過，我那時候最需要的其實是「說話」，談論案件與怜美。如果能談這些，會讓我輕鬆一點，就像是把身體裡的膿擠出來，某部分的負擔就會減輕。父親每次寫手記的時候，也都會思考很多事情，感覺那樣能恢復冷靜。所以我想一定有幫助。

那時候，我真的相當忍耐。如果我有可以發洩的對象，我一定會把所有情感都發洩出來。我應該會痛痛快快地尖叫。

我在社團活動的最後一場比賽中輸了，第二學期回到學校後，我專注於高中的升學考試。我每天上五、六個小時的課，還上補習班，過著完全以升學為重心的生活。

我不想再考慮讀書考試以外的事，我想要埋頭念書。

無處發洩的憤怒

我不知道，十一歲殺人不成立犯罪。我完全不了解少年法的運作程序。

我是透過報紙才知道。我心想，「跟成年人不同，孩子能在不受懲罰的情況下，重新做人？」我感到很奇怪。我也想，「只要反省就夠了，到底是怎麼回事？就算是大人，即便受了懲罰，還是有人再犯啊」。

我所知道的那個孩子，根本沒有考慮過自己所做事情的嚴重性，她並不明白自己造成的後果。

她知道人怎麼樣會死，從她的殺人手法就可以確定這件事。如果人被割斷脖子，基本上是沒有救的。我認為，「她知道要怎麼殺人，並且是在這樣的情況下殺了人」。然而，實行完畢後，她完全沒有思考這會造成什麼樣的後果，只專注於「殺人」這件事情。

因此，以六年級的學生來說，這點上她反而顯得有些幼稚。聽說她在網路上寫了成熟的詩，但我認為，那是愛做夢的孩子特有的表現方式。

你是說，在被害者家屬陳述意見的時候嗎？是的，那時我一直戴著耳機聽音樂。

因為當時，我已經明白少年審判的過程了。不管在那裡說什麼，結論都不會改變吧？刑期不會因此改變，對方本人也不在場，這到底有什麼意義？

儘管如此，我還是陪同父親出席了。我沒有特別在意審判的內容，聽聽就過去了。雖然我見到了對方的律師，但我覺得見她本人比較好，即使隔著玻璃也好。

父親在準備陳述意見時，問我：「你有什麼想說的嗎？」我回答：「我想見那個女孩。」如果對方是陌生人，確實我不會這麼說。應該說，我什麼都不會說，不會提出任何意見，也不會有什麼期望。但是，正因為我看過那個孩子，我認識她，我才有想要見面聊聊的心情。

只是，不知為何，我從來沒有憎恨過她，我總覺得她不是我應該要發洩怒氣的對象。她是比我年輕的孩子，可能無法理解自己行為的罪孽之重。的確，她殺了怜美，所以我應該要將怒氣發洩在她身上，但我無法這麼想。並不是我不憤怒，只是那股怒氣，沒有強烈到需要表達出來的程度。但結果就是，我心中不斷積累壓力。

那麼，我應該憎恨她的父母嗎？這我也不知道。

雖然我心中或多或少有怒氣，但我不知道該如何看待對方的父母。因為，犯案的是那個女孩。我知道，對那個女孩，我有憤怒的情緒，畢竟她奪走了怜美的生命。但是，對於她的父母，我卻無法找到發洩怒火的方式。

即便如此，我感到莫名煩躁不安。我無法分辨自己究竟在氣什麼，也不知道該將這股怒氣發洩到哪裡，只知道自己確實感到憤怒。然而，我找不到宣洩的對象。

至於對父親的感受……我對父親想氣也氣不起來。就像面對對方父母一樣，我不知道應該對什麼生氣。

父親不是不關心怜美。如果我把怜美找我談的事情告訴父親，事情或許會有所不同。如果我說了，事情依舊沒有改變，我可能會生氣吧。可是，我什麼都沒說。

「為什麼沒注意到？」雖然我有這種情緒，但父親最為懊悔的也是這件事情。其實，包括我在內的孩子，除非事情已經很嚴重，不然不會找大人商量。說到底，我還是個小鬼，可能就是這麼一回事。

遲來的失落感

高中我進了福岡的學校，因為父親調職到福岡工作。

如此一來，我不再是「考試、考試」的生活，突然多出很多思考的時間。時間增加，讓我可以深入思索「應該只有我聽過怜美講那些吧」、「找父親商量才是正確的嗎」等等。原本裝在桶子裡的水，全部被倒了出來，我感到無法承受。

怜美和我說過的話，是孩子之間的祕密，說出去就是一種背叛。這種想法，成為了我的煞車器。

中學時，我還有考試可以轉移注意力。上了高中後，卻變成「啊，靜不下來」，至今為止一直被我擱置的事情，一口氣全來到眼前。我滿腦子都在想案件的事情，我只想這一件事，對其他事物都提不起勁。

「為什麼我會變成這樣？」我只能不斷地想，無法停下思考。雖然我知道，我總有一天要面對，之前我一直在迴避。但上了高中，像是我原本收在倉庫裡的東西，突然間跑出來了。那段時期最難熬。

當時我就讀於為了大學考試所設計的特殊升學班，早上還有額外的補習課程，所以七點半就開始上課了。我大概六點半就得騎腳踏車出門。

但是，待在教室裡很痛苦。明明沒有發燒，我卻頭痛、渾身無力、提不起勁，就像典型的憂鬱症狀。因為我穿著制服，在外面閒逛會被警察輔導，所以也不知道該怎麼辦。我覺得待在教室裡實在太難受了，於是我開始去保健室。

後來，我只去社團活動，其他時間都待在保健室。我在保健室裡坐著，但靈魂不在那裡。有時我只是坐著發呆，什麼也沒想；有時我會想到那案件，開始不斷思考為什麼、為什麼。完全沒有時間流逝的感覺，回過神，都已經黃昏了。

應該是之前壓抑的情緒一下子湧了上來，我對任何事都靜不下心。但我還是每天早上六點半出門，雖然一到學校，我就會變得憂鬱。

我不想讓父親知道我變成這樣。不知道為什麼，我就是說不出口。當時的父親，終於把事件處理至一個段落，我們從佐世保搬走，他有一種「好，重新開始」的感覺。我害怕被他責罵，怕他說「你再努力點就好了」。

父親想「稍微往前看」的心情我能理解，所以我覺得，此時此刻我不能往後看。這麼想來，我們家族很少有一起悲傷的時候。至少父親和我，內心接受衝擊的時機點是錯開的。

最後，我上學的時間只有四、五、六月這三個月。

學校寄通知給我父親，說我的「學分不足」，我也向父親坦承，「我無法繼續上學了」。然後我在六月休學。

從高中休學後，我開始輾轉於各個診所，結果大家都對我說：「不用硬撐也沒關係。」我當時心想，「終於有願意聽我說話的人了」，之前並沒有這樣的人出現。有些醫生甚至說：「最好住院一個月左右。」我當下想，什麼？住院？有到這種地步嗎？但這也表示，我當時相當疲憊。

之後，我晚了一年重新進入另一所學分制高中。那所學校的主要成員，是高中休學、被退學或輟學的孩子。我還參加了學生會和社團，交到了一些朋友，因此我在自我重建的過程中，得到了很大的幫助。

可是，高二的時候，我又崩潰了，前期的學分全都當掉。可能是因為，我辭去學生會幹部的職位後，時間又變多了。忙碌的時候，我能集中注意力，但一有空白的時間，我就會想東想西，這樣的情況不斷重複。空白的時間讓人難受，我的模式就像是一個人拚命奔跑，再累倒在地。我拿的學分數也非常剛好，只夠勉強畢業。

回顧那段時間，我內心還是很後悔，沒能阻止事件發生。「如果我能想出辦法，說不定能阻止一切」，雖然我知道事到如今，我再怎麼想，妹妹都不在了，再思考也沒用，但思緒還是會一直圍繞著這個主題。現在也是一樣，每當一個人去掃墓，我還是會不由自主地想。

當時我總覺得，母親在的話，或許情況會不同。因為我回到家，父親都在上班，我總是孤身一人。如果母親還在，我就能跟她商量這些事。比起開口對父親說這些，跟母親聊會容易非常多。父親也不敢忤逆母親。

認識母親的人當中，有人說：「怜美發生那樣的事，媽媽不在反而是件好事……」但對我來說，母親在會比較好。我不是在責怪父親，我只是在奢望罷了。

因為我高中三年一直如此，上大學後，我決定不再去思考那些事情。與其糾結於過去，不如停下來，思考「我接下來要怎麼走下去」，把時間花在自己身上。我不必急著奔跑，慢慢一步步前進就好。

事件發生的當下，我也選擇過停止思考。但那時的停止思考，是為了「回到原本的樣子」，我「想回到事件發生前」、「想回到學校」。而現在的停止思考，是為了「往前邁進」。可是，如果有人問我：「你重新站起來了嗎？」我會說還沒。我不確定「重新站起來」意味著什麼，也許我這一輩子都無法復原。只是有了旁人的支持，我還勉強能走下去。我想，這種狀態大概會一直持續下去。

平凡地生活

少年審判似乎寫到那個女孩「缺乏共感」，但在我看來，她只是個想加入團體卻失敗的孩子。她過於表現自己，不太擅長融入人群。雖然她能成為團體的一分子，卻因為太過顯眼，而有些格格不入……她的行為，給人一種「看我啊」的感覺，她想讓人記住她的特徵，但如果被人模仿了就會生氣。我當時還沒完全意識到這些，但事後想想，覺得她可能就是這樣的孩子。

不過，像她這樣的人，我在第二所高中裡見過很多。那所高中裡，大多數都是與社會脫節，無法去其他學校的孩子。他們都有一些自己的特徵，或表達方式太過露骨，結果遭到群體排擠。怎麼說呢，極端表現自己或是完全不表現自己的人很多。但無論是哪種，本質上都是一樣的。

我想，「她或許也是這類人中的一員，只是她在這之中走過頭了。」

話雖如此，儘管我們認為「孩子的話，反省就好」，但難道「這樣問題就解決了？」我認為，如果孩子的處罰要比較輕，與其把這些孩子關在設施裡，不如讓他們早點出社會。比起待在設施裡，出社會應該更辛苦。他們幾年一直待在設施裡，之後突然被放出來，真的能回歸社會嗎？就算他們在封閉的設施裡，被告知要「好好生活」……當然，我也能理解有些遺屬不想讓他們出來的心情。

……與其讓他們一輩子無法回到社會，不如在設施內教導他們社會的規範，再讓他們出去。如果「設施教的事情，和現實社會完全不同」，會很糟糕。他們會痛苦不堪，最終可能重蹈覆轍，這才是最壞的結果。

還不如早期就將他們投入社會，讓他們提早適應，反而更好。

但在這之前，需要先道歉。

如果她來道歉，我不會感到「見面很可怕」，我認為應該要好好見面，我和對方都是平等的關係。和小學生時期不同，現在已經到了需要承擔責任的年齡。當時的她，對自己所做的事情完全不理解，即使她來道歉，我也不知道該如何反應，但現在的她，應該明白自己做了什麼，所以我希望她能真心道歉。這樣才乾脆。

相反地，如果她「無法見面」，我會認為「國家的再教育失敗了」。

憎恨那個孩子沒有意義，只會讓自己感到疲憊。我的父親也不會輕言復仇之類的事情。我也討厭為對方的事煩惱猶豫，我們彼此都不想牽絆對方。我也想要斷絕過去，向前邁進，以結果而言，我這樣不是放棄，而是我可以往前走了，所以我希望能得到一次道歉。如果你想道歉，隨時都可以來。就只是這樣而已。

最終，我希望那個孩子能在同一個社會中生存下去，我希望她在我所處的地方好好生活。

我希望她能過上平凡的生活。

我自己也不想要波瀾萬丈的生活。如果她能來道歉一次，接下來，我希望她能過上原來的人生。我這邊也打算正常生活。對方還有幾十年要活下去，如果她一直來道歉，我也會覺得困擾。我希望她能好好珍惜平凡的生活，不要做危險的事。

我還滿了解對方和爭執的原因，所以我也很難再想到什麼其他的話，因為我沒有太多期待。生氣也無法改變什麼，雖然這樣講有點奇怪，但我已經沒有能夠挽回的東西了。雖然我一開始感到憤怒，但平靜下來後，我也只專注過自己的生活。

所以，我希望她能工作、結婚、生子。無論是什麼工作，只要她能好好做……我之所以會這樣想，是因為我在不知不覺中，得出了這樣的結論：「最終，為了讓自己過上平靜的生活，這樣做是最好的。」

當然，我一開始不是這麼想的。或許內心深處有，但直到變成具體的念頭前，花了很長的時間。在那之前，我是一張白紙，什麼結論都沒有，不斷嘗試錯誤。但我接受了事實，也思考著該怎麼做，最後才得出現在的想法。得出結論的過程非常痛苦，也很艱難。但現在回想起來，或許那段時間是必要的。

我認為，在某種程度上，我們和她的關係，要保持在切斷的狀態。雙方平行前進會比較好。相反地，彼此愈是靠近，愈會產生摩擦，自己的內心也會出現矛盾。但如果雙方離得遠遠的，又是另一種奇怪的狀態。我們都在思考彼此的事情，但我們的目光，不能一味持續盯著對方。我認為比較好的關係是，雙方能好好看向對方。

然後她靠近我們，真誠地道歉一次，在道歉之後，雙方回到各自的生活。

「妳可以自由走妳的人生，我也會自由走我的人生。」這就是我的想法。雖然我們不能忘記事件，但我會將它放在腦袋的某個角落。我們保持這樣的距離（手張開約三十公分），像平行線一樣，結果就是，我們可以正常生活。對我來說，這是目前最理想的狀態。

當然，這和遺忘是不同的。我希望她能夠空出時間，雙手合十，哪怕一年只有一次，只有在忌日的那一天也好。

尾聲

春天來臨，自從我調到東京社會部後，這是我第一次回到佐世保。熟悉的造船廠和軍用基地小鎮。波平如鏡的寧靜海灣，無憂無慮用九州方言交流的人們。風景如舊，讓人懷念。

然而，離開那起事件的磁場後，我才發現佐世保這個城市竟然如此渺小。曾經我與御手洗先生、怜美、哥哥，在同一個屋簷下共度日常，現在卻讓我感到不可思議。

如今，站在我身旁，高我一個頭的哥哥，雙手合十。我們兩人來到怜美的墓前。

「御手洗怜美　十二歲」，墓碑上刻寫著。

至今無法相信，怜美的骨灰就安放在這裡。

時間流逝，又似乎停滯。

在細雨中，我來回凝視閉上雙眼的哥哥的側臉，與怜美的墳墓。我的思緒愈來愈深。

時間是最好的解藥，這是老生常談。

歲月會慢慢淡化人的情感，正因為可以遺忘，人才能繼續生活。

可是，即使時間會流逝，某些事物依然不會改變。想想那些失去至親的遺屬，就會讓人覺得，所謂「時間是最好的解藥」，終究只是比較體面的「風化」罷了。無論給予他們多少制式安慰，失去的就是失去了，冷酷的現實依然存在。面對這種悲劇，遺屬會自責，也不再清楚自己的責任範圍。

如果能夠忘記這起事件、如果能夠放下，自認「已經結束了」，或許是一種消化方式。然而，御手洗先生和哥哥並沒有放棄，他們至今仍在想著怜美以及加害女孩。

一旦陷入苦思，根源性的絕望便如影隨形纏繞著他們。無論如何思考，怜美都回不來了。在這樣的日常生活中，誰也無法找到救贖的方式。

儘管如此，這對父子並未試圖以憎恨填補失去怜美的空虛。

而且，在不知不覺中，兒子也已經趕上，並超越了父親。

「如果能過著平凡的生活就好了。」

「我希望她能過上平凡的生活。」

這是事件發生後，關於自己的未來，加害女孩口中吐露出的零碎話語，以及哥哥經過無數次深思熟慮後，凝練出的言辭。

加害方和被害方，處於對極立場的兩人，使用了同樣的詞語「平凡」。可是，其中包含的「壓力」截然不同。

哥哥的話語，不僅僅是溫柔的，背後所蘊含的情感是嚴厲的。不容許懈怠，也不容許輕率逃避。

事件發生後，那看似即將崩潰的溫柔少年之心，在我未曾察覺時，已孕育出堅韌的力量。

雖然有些突兀，但我在最後遇見的哥哥身上，看見了少年法所追求的理想，「可塑性」的奇蹟。

哥哥比任何人都了解事件真相，因此也最為痛苦掙扎。他內心深處靜靜湧現的強烈情感，很可能會隨著他的沉默一起沉沒，無法被他人理解。

即便靠得再近，誰也無法看清他人的靈魂深處。

加害女孩在設施內完成了中學學業。之後，她悄悄離開，現在在某個城市裡生活。她沒有留下任何前科或犯罪紀錄。

如今女孩也滿二十歲了，正式回歸社會，成為了一位無名的成年女性。或許，當年那個十一歲的身影，早已從世人的記憶中消逝了。

正因如此，我敢說自己身為遺屬的鄰人，希望她能好好活下去。御手洗先生、哥哥，以及加害女孩，未來仍會經歷許多波折。哥哥也才剛邁出了第一步，黑暗中那微弱的光芒雖然耀眼，但還太微小，尚不足以長久照亮整個世界。現下這份堅強的心境，是否能持續下去，也不能保證。

但我認為這樣就足夠了。就像剛破殼而出的雛鳥，不會立即展翅，飛上廣闊的天空。稿件在此畫下一個句點。然而，現實中的故事並沒有就此結束。這段故事，也許尚未完結。

即便如此，我不會忘記那天哥哥的話語，它深深刻在我心中。

「如果你想道歉，隨時都可以來。」

引用文獻

《少年們的贖罪——背負罪過活下去》，青島多津子著，日本評論社

參考文獻

《佐世保市立大久保小學校兒童殺傷事件調查報告書》，長崎縣教育委員會
《絕望的精神史》，金子光晴著，講談社（同名繁體中譯本由麥田出版）
《DSM-IV-TR 精神疾病診斷與統計手冊》，American Psychiatric Association 著，高橋三郎、大野裕、染矢俊幸譯，醫學書院（同名繁體中譯本由合記書局出版）
《我們從佐世保事件思考的事情——面對青春期的孩子》，岡崎勝、保坂展人編著，日本機械社
《十一歲的衝動——佐世保同班同學殺害事件》，朝日新聞西部本社編著，雲母書房
《淳》，土師守著，新潮社（繁體中譯本《淳：一個被害者父親的真實告白》由新雨出版）
《給彩花——謝謝妳的「生命力量」》，山下京子著，河出書房新社（繁體中譯本《最後的生命力量》由奧林出版）
《生下「少年A」——父母的悔恨手記》，「少年A」父母著，文藝春秋

《加害者家族》，鈴木伸元著，幻冬舍
《然後殺人者被放逐》，日垣隆著，新潮社
《犯罪與精神醫療——對危機熱線的回應》，野田正彰著，岩波書店
《面對少年犯罪》，石井小夜子著，岩波書店
《少年法——從基本理念到修正問題》，澤登俊雄著，中央公論新社
《發展障礙與少年犯罪——司法面談的實錄》，藤川洋子著，金剛出版
《發展障礙與司法——以犯罪少年處分為中心》，濱井浩一、村井敏邦編著，現代人文社
《發展障礙的孩子們》，杉山登志郎著，講談社（繁體中譯本《拉慢飛的孩子一把：發展障礙的兒童》由書泉出版）
《頭上的異界——無信之國的青年與重大少年事件》，杉本研士著，講談社
《少年犯罪與少年法》，後藤弘子編，明石書店
《少年法官的筆記》，井垣康弘著，日本評論社
《如何懲罰少年》，宮崎哲彌、藤井誠二著，講談社
《談「非行」——家事法院調查官的檔案》，藤川洋子著，新潮社
《悲傷的孩子們——背負罪與病》，岡田尊司著，集英社
《在少年事件中努力——來自家事法院調查官的現場》，藤原正範著，岩波書店
《少年法——趨勢與實務》，河村博編著，飯島泰、岡崎忠之、赤松享太撰，東京法令出版

《執勤資料 少年事件的調查》，少年事件研究會編，東京法令出版
《為辯護人、輔佐人準備的少年事件實務手冊》，川村百合著，Kyosei
《創傷與心理臨床——支援受害者所需的事物（現代的精神第五二四期）》久留一郎編，至文堂製作，Kyosei
《重大少年事件的實證研究——分析殺害父母或家庭成員的案例》，法院職員綜合研修所監修，司法協會
《家事法院調查官所見的少年法五十年——司法功能與福利功能的調和》，寺尾絢彥著，現代人文社
《追蹤！「佐世保小六女童被同學殺害事件」》，草薙厚子著，講談社
《戰前的少年犯罪》，管賀江留郎著，築地書館
各報紙新聞

如果你想道歉，隨時都可以來

「佐世保小六女童殺人事件」背後，那些大人無法回答的問題

如果你想道歉，隨時都可以來：「佐世保小六女童殺人事件」背後，那些大人無法回答的問題
／川名壯志著；顏雪雪譯.
－初版.－臺北市：麥田出版：英屬蓋曼群島商家庭傳媒股份有限公司城邦分公司發行，2025.04
面；　公分
譯自：謝るなら、いつでもおいで：佐世保小六女児同級生殺害事件
1.CST: 少年犯罪　2.CST: 刑事案件
3.CST: 報導文學　4.CST: 日本
548.581　　114001133

封面設計　井十二
印　　刷　中原印刷有限公司
初版一刷　2025年4月

定　　價　新台幣360元

I S B N　978-626-310-847-9
e I S B N　9786263108486（EPUB）
本書若有缺頁、破損、裝訂錯誤，
請寄回更換。

作　　者　川名壯志
譯　　者　顏雪雪
責任編輯　翁仲琪
國際版權　吳玲緯　楊　靜
行　　銷　闕志勳　吳宇軒　余一霞
業　　務　李再星　陳美燕　李振東
副總經理　何維民
總 經 理　巫維真
編輯總監　劉麗真
事業群總經理　謝至平
發 行 人　何飛鵬

出　　版
麥田出版
11563台北市南港區昆陽街16號4樓
電話：(02)2500-7696　傳真：(02)2500-1967
網站：http://www.ryefield.com.tw

發　　行
英屬蓋曼群島商家庭傳媒股份有限公司城邦分公司
11563台北市南港區昆陽街16號8樓
網址：http://www.cite.com.tw
客服專線：(02) 2500-7718; 2500-7719
24小時傳真專線：(02) 2500-1990; 2500-1991
服務時間：週一至週五09:30-12:00；13:30-17:00
劃撥帳號：19863813　戶名：書虫股份有限公司
讀者服務信箱：service@readingclub.com.tw

香港發行所
城邦（香港）出版集團有限公司
香港九龍土瓜灣土瓜灣道86號順聯工業大廈6樓A室
電話：+852-2508-6231　傳真：+852-2578-9337
電郵：hkcite@biznetvigator.com

馬新發行所
城邦（馬新）出版集團【Cite(M) Sdn. Bhd. (458372U)】
41, Jalan Radin Anum, Bandar Baru Sri Petaling,
57000 Kuala Lumpur, Malaysia.
電話：+603-9057-8822　傳真：+603-9057-6622
電郵：services@cite.my